AF250379

NOTICE

SUR LA

NOUVELLE-CALÉDONIE

Par Gustave GALLET

GÉOMÈTRE PRINCIPAL DU SERVICE TOPOGRAPHIQUE

CHEVALIER DE LA LÉGION D'HONNEUR

Publiée par ordre de

M. le Capitaine de vaisseau **PALLU DE LA BARRIÈRE**, Gouverneur

NOUMÉA

IMPRIMERIE DU GOUVERNEMENT

—

1884

NOTICE SUR LA NOUVELLE-CALÉDONIE

NOTICE

SUR LA

NOUVELLE-CALÉDONIE

Par Gustave GALLET

GÉOMÈTRE PRINCIPAL DU SERVICE TOPOGRAPHIQUE

CHEVALIER DE LA LÉGION D'HONNEUR

Publiée par ordre de

M. le Capitaine de vaisseau **PALLU DE LA BARRIÈRE**, Gouverneur

NOUMÉA

IMPRIMERIE DU GOUVERNEMENT

—

1884

NOTICE

SUR LA

NOUVELLE-CALÉDONIE

Par M. GALLET

GÉOMÈTRE PRINCIPAL DU SERVICE TOPOGRAPHIQUE

Aspect

L'aspect général de la Nouvelle-Calédonie est montagneux, l'intérieur l'est plus que le littoral. Les plus hautes montagnes n'atteignent pas 1,700 mètres d'élévation, la moyenne de celles de l'intérieur peut être fixée à 500 mètres, celles du littoral, qui ne sont plutôt que des ondulations de terrain, varient de 100 à 200 mètres de hauteur. Il y a aussi près de la mer des plaines d'une certaine étendue.

Une ligne de partage des eaux dont la direction générale est sensiblement S. E, N. O, est formée par une suite de massifs montagneux, reliés entre eux par des contreforts de hauteur variable ; cette ligne, appelée improprement Chaîne centrale, divise l'île en deux grandes régions, connues sous le nom de côte Est et de côte Ouest. La superficie totale est d'environ 2,102,395 hectares.

Climat

Le climat de la Nouvelle-Calédonie est un des plus sains que l'on connaisse. L'immigrant peut, dès son arrivée, se mettre hardiment au travail de la terre, sans craindre de payer le tribut d'acclimatement. Aucune fièvre ni maladie n'est particulière à ce pays, tout au plus y ressent-on un peu d'anémie après un certain temps de séjour. Les chaleurs les plus fortes ne dépassent guère 30° Réaumur, et il est rare de voir le thermomètre descendre au-dessous de 12°. Il n'y a pas de ces changements brusques de température, qui se rencontrent dans presque toutes les autres colonies, et les vents de S. E. qui règnent une grande partie de l'année entretiennent cette fraîcheur si appréciée des habitants de l'île.

La saison chaude comprend les mois de décembre, janvier, février et une partie de mars; la saison fraîche, ceux de juin, juillet et août; les autres mois de l'année donnent la température moyenne.

En janvier et février, l'île est quelquefois visitée par des coups de vent très violents ou cyclones, qui causent de grands ravages. Les cultures en souffrent beaucoup, les habitations en sont endommagées, et les petits bateaux affectés au cabotage qui n'ont pas eu le temps de se mettre à l'abri, ont à redouter de sérieuses avaries. Ce phénomène atmosphérique, qui peut être considéré comme un fléau pour le pays, ne dure pas plus de vingt-quatre heures et n'atteint ordinairement qu'une partie de l'île, mais cela suffit pour causer des pertes considérables. On a remarqué que, jusqu'à ce jour, ces cyclones ne font leur apparition que tous les quatre ans environ.

Cours d'eau

L'île est arrosée par de nombreux cours d'eau qui forment presque toujours des chutes ou cascades qu'on pourrait utiliser à peu de frais comme force motrice. On établirait aisément partout des roues hydrauliques, soit pour faire mouvoir des scieries mécaniques, soit pour dépulper le café, décortiquer le riz, moudre les grains, etc.

Les différents cours d'eau d'un même bassin se réunissent généralement à 15 ou 20 kilomètres du bord de mer, et constituent des rivières pouvant permettre à des bateaux de plusieurs tonnes de monter assez loin dans les terres.

Dans tous ces cours d'eau, même dans les plus petits, sauf dans ceux des terrains miniers, vivent des poissons dont la chair est excellente. On trouve dans ceux d'une certaine importance des anguilles qui pèsent jusqu'à 12 kilogrammes ; on en a vu qui atteignaient 25 kilogrammes, mais celles-là sont rares.

Il y a plusieurs espèces de poissons très estimés, entre autres le goujon, une variété de carpes, le mulet, une sorte de hareng, la loche d'eau douce, qui ressemble à un énorme goujon et pèse quelquefois 2 et même 3 kilogrammes : cette espèce est peu commune. Il y a aussi, surtout dans les ruisseaux qui n'ont pas une grande profondeur, deux espèces de crevettes, dont l'une, très grosse, atteint assez souvent 15 centimètres de longueur et de 2 à 3 centimètres de diamètre. On trouve, en outre, de grandes quantités de cresson dans certains cours d'eau.

Les rivières ont, certaines années, des crues très fortes qui proviennent, ou de pluies d'orage, ou de celles continues qui durent plusieurs jours. Les colons établis sur les rives, dans les terres d'alluvion, ont à souffrir de ces crues, qui entraînent ou détruisent une partie de leurs récoltes. Heureusement, ce fléau ne se produit pas souvent, et l'on arrive à s'en protéger en boisant ces rives.

Voies de communication

Les voies de communication, avant l'arrivée du Gouverneur actuel, étaient peu importantes. Il existait seulement une route carrossable entre Nouméa et Païta, de 30 kilomètres de longueur, quelques tronçons aux environs de Nouméa et de Canala, et sur d'autres points des parties de routes muletières qui n'étaient pas reliées entre elles. La circulation, sur bien des points de l'île, ne pouvait se faire qu'à pied et avec de grandes difficultés.

Depuis l'arrivée de M. Pallu de la Barrière, une route carrossable, dont l'empierrement sera terminé avant la fin de l'année, a été ouverte entre Païta et Bouloupari ; et la côte Est, qui était inaccessible aux cavaliers, est dotée d'une route muletière permettant d'aller à cheval de Nouméa à Pam, c'est-à-dire sur une longueur de plus de 400 kilomètres. Dans un temps peu éloigné, on pourra circuler en voiture de Nouméa à Bourail, c'est-à-dire sur un parcours de 225 kilomètres. D'autres routes transversales sont en construction actuellement, et l'étude complète du réseau devant desservir toute la colonie est terminée. D'après le programme du Gouverneur, il y aura dans six ans une route carrossable qui fera le tour de l'île, et plusieurs autres qui la traverseront : ce sera là un véritable progrès qui ouvrira à la colonisation des parties riches, aujourd'hui inhabitées.

L'exécution de ce vaste projet resterait stérile, si des tronçons ne venaient relier les centres de l'intérieur et les principales vallées avec la mer. Telle est l'idée qui préside aux études faites en ce moment de projets de routes à pentes douces, pouvant se transformer, au besoin, en tramways dans les localités suivantes : Nakéty, Canala, Kouaoua, Méré, Houaïlou, Pounérihouen, Wagap, Ouaco, Koné, Pouembout, Mouéo, Poya, Bourail-Gouaro, Nessadiou, Moindou, Fonwary, La Foa, Oua Tom, Bouloupari, Coëtempoé, Saint-Vincent, Païta et la Dumbéa. Pendant que quelques-uns de ces travaux s'exécutent sur terre, des bâtiments de la Division navale cherchent sur les mêmes points les lieux d'embarquement les plus favorables. D'autres études sont commencées également dans l'intérieur de la colonie, pour la construction d'importantes conduites d'eau destinées à alimenter avec plus d'abondance les localités suivantes : Canala, Houaïlou, Pounérihouen, Ouégoa, Gomen, Koné, Pouembout, Mouéo, Poya, Bourail, Nessadiou, Téremba, Bouloupari, Saint-Vincent, Païta, Dumbéa et la Conception-Yahoué, centres déjà existants ou en voie de formation.

Les transports de toute nature se font par mer. C'est et ce sera pendant longtemps encore la voie la plus économique. Un service régulier de bateaux à vapeur fait le tour de l'île tous les quinze jours, en touchant aux principaux centres du littoral, et beaucoup de petits caboteurs vont aussi, d'un bout de l'année à l'autre, y chercher les produits et porter des marchandises.

Le service de la poste, dans l'intérieur, est assuré une fois par semaine par des courriers de terre dont le point de départ est Nouméa ; les bateaux à vapeur qui en partent après l'arrivée des courriers d'Europe, portent aussi les correspondances. Dans toutes les localités ayant quelque importance, il existe un bureau télégraphique relié au chef-lieu. L'Administration se propose d'établir, dès l'achèvement de l'empierrement de la route de Païta à Bouloupari, un service de malle-poste qui ferait trois fois par semaine le trajet entre ces deux localités ; et prochainement un service postal quotidien pour toute la colonie à l'aide d'indigènes.

La réalisation de tous ces projets établira des communications plus faciles et surtout plus fréquentes entre le chef-lieu et les centres de l'intérieur, et permettra à l'Administration de supprimer, ou tout au moins de diminuer la subvention accordée à l'armateur qui a le service du tour de côte. L'armateur lui-même ne perdra rien au nouvel état de choses, car son fret se trouvera multiplié par la facilité qu'auront les colons de communiquer avec les points d'embarquement.

Les voyageurs se servent, ou des bateaux, ou de chevaux de selle, pour se rendre d'un point de l'île à un autre. Ce dernier moyen de locomotion est le plus en usage. Sur les routes fréquentées on trouve, suffisamment rapprochées, des auberges qui permettent au voyageur de se procurer ce qui lui est nécessaire. Malgré la présence dans la colonie des condamnés aux travaux forcés et des Canaques, on peut circuler seul, de nuit comme de jour, à peu près en sécurité. Les exemples d'attaque, même dans les endroits les plus retirés, sont excessivement rares.

Les travaux de route qui viennent d'être exécutés, en partie à l'aide des condamnés de toutes les catégories, qui n'étaient placés sous la garde que de quelques surveillants (4 surveillants pour 100 condamnés) n'ont, en somme, occasionné relativement qu'un petit nombre de méfaits. Depuis que la Transportation existe en Nouvelle-Calédonie, on n'a jamais vu d'ailleurs, grâce à la discipline des camps et au contrepoids formé par les populations indigènes, des condamnés évadés s'organiser en bandes, ainsi que nos voisins les Australiens en ont eu de si fréquents exemples avec leurs *convicts*.

Forêts et Faune

La Nouvelle-Calédonie est relativement très boisée. On estime à environ 200,000 hectares les parties couvertes de bois, mais il n'y a de véritables forêts que 100,000 hectares à peu près. Elles sont formées d'arbres d'essences les plus diverses, particulièrement propres à la charpente, à la menuiserie, à l'ébénisterie, etc. La dimension moyenne de ces arbres peut être fixée à 1 mètre de diamètre sur 8 à 10 mètres de longueur de tronc. On a vu des kaoris (de l'espèce appelée *Dammara Moorii*) parvenir à 3 mètres de diamètre et 25 mètres de hauteur. Le hêtre du pays, le tamanou (*Calophyllum montanum*), le houp (*Montrouziera cauliflora*), l'acacia, le chêne-gomme, le pin colomnaire (*Araucaria intermedia*), et beaucoup d'autres espèces, atteignent des proportions qui les rendent propres à une foule d'usages. Un grand nombre d'entre eux, comme le houp, sont incorruptibles et peuvent rester un temps infini à l'air ou sur le sol sans être entamés par l'humidité. Le kaori donne une résine très recherchée, qui a été avec le bois de santal, avant la prise de possession, l'objet d'un véritable commerce de la part des navigateurs anglais et américains. On trouve cette résine en blocs, quelquefois très volumineux, enfoncés dans le sol juste dans la verticale d'une branche cassée.

A côté des forêts, dans tous les terrains dits de pâturage, il pousse un arbre particulier à la Nouvelle-Calédonie, connu sous le nom de niaouli (*Melaleuca viridiflora*). Ce bois, qui est un des plus employés dans l'intérieur, est très solide ; il sert souvent dans la construction des maisons, barrières, etc. L'écorce est recouverte d'une couche de plusieurs centimètres d'épaisseur d'enveloppes mortes communément appelées peaux de niaouli. Les colons s'en servent pour faire des toitures. On tire des feuilles une essence, la mélaleucine, dont l'odeur rappelle la térébenthine. Certaines personnes l'emploient comme remède contre les rhumatismes.

La présence du niaouli indique un sol pauvre et argileux. Il semblerait que la nature a choisi cet arbre rustique, aux puissantes racines, pour en faire comme le pionnier de la végétation forestière en Nouvelle-Calédonie; les terrains les plus compactes sont divisés par ces racines, et d'autres essences telles que les aralias, les orchidées, les ficus, le faux tamanou, le faux gaïac (*Acacia spirorbis*), etc., apparaissent après une certaine période, lorsque le terrain a été ainsi suffisamment préparé; viennent enfin les essences des forêts énumérées ci-dessus, qui étouffent et remplacent le premier habitant.

Le *santal* est devenu assez rare. Ce bois était pour les indigènes un article d'échange, qui leur permettait de se procurer à bord des premiers bateaux qui visitèrent l'île, des haches, des couteaux, des étoffes, des pipes, du tabac, etc. Ils en poussèrent si loin la recherche que, lorsque les troncs manquèrent, ils prirent les racines, qui ne sont pas moins appréciées que les autres parties de l'arbre. Il serait facile d'en repeupler la colonie en peu de temps, et d'y introduire des espèces nouvelles. Un essai fait à Moindou avec des graines venant de l'Inde a pleinement réussi.

Dans les marais salants situés sur les côtes, et dont la superficie peut être évaluée à 30,000 hectares, on remarque plusieurs variétés de *palétuvier* dont une, le *rizophora sexangula*, fournit un bois très estimé pour la confection des moyeux de voiture et pour le charronnage en général. Dans la colonie, on se sert de son écorce pour tanner les cuirs. Le *milnéa* et le *bois de rose*, dont on fait des guéridons, des tables et de très jolis coffrets, existent aussi dans la partie de ces marais qui avoisine la terre ferme.

Les fleurs indigènes sont peu variées. On remarque celle du *Barringtonia Panchieri*, qui est la plus belle, celle de *l'hibiscus* ou rose de Chine simple, celle des *éritrynes*, un lis et quelques variétés de jasmin. On en a importé un certain nombre qui s'acclimatent facilement. Les rosiers, les jasmins, l'héliotrope, la verveine, la violette, le géranium, les dahlias, la gueule-de-loup, la reine-marguerite, etc., etc., sont toute l'année en végétation dans les jardins bien entretenus. Une *mimosée*, connue ici sous le nom de *cassis*, et qui pousse en grande quantité à l'état sauvage, donne une fleur très recherchée pour la parfumerie. Il faut enfin citer deux espèces de *lantana* et une *solanée épineuse*, de forte taille, appelée *aubergine marronne*, qui envahissent certaines localités, en menaçant de couvrir tous les terrains en friche et de détruire les pâturages.

Toutes les forêts du centre et du Sud sont fréquentées, dans les parties élevées, par le *kagou*, oiseau gris à huppe, qui n'existe qu'en Nouvelle-Calédonie. Il y est très répandu et a la grosseur d'une poule. Il ne vole pas, mais il court très vite. Son nid est extrêmement difficile à découvrir, et dans beaucoup d'endroits les indigènes le croient vivipare. Cet oiseau, qui s'apprivoise aisément, vit d'insectes et de larves Les savants n'ont pas encore pu, paraît-il, le classer. Les uns prétendent qu'il appartient à la famille des râles; d'autres, à celle des hérons. D'après quelques indigènes, il naîtrait sans plumes et ne marcherait pas en naissant : il appartiendrait, dans ce cas, à la famille des hérons.

On trouve en quantité dans les parages où se tient le kagou un pigeon très gros, d'un brun ardoisé, le *notou*, qui pèse environ 1 kilogramme. Sa chair est bonne et fait un excellent bouillon. A certaines saisons, lorsque les arbres sont en graines, un chasseur peut en tuer plusieurs douzaines dans une journée.

Il y a aussi dans ces mêmes endroits et dans les parties inférieures de l'île, un autre pigeon, de couleur brune, à gorge blanche, un peu plus petit que le notou, qu'on désigne sous le nom de collier-blanc ou *dago;* sa chair est plus appréciée que celle du précédent.

Le pigeon vert, qui est de la grosseur d'une tourterelle de France, est le plus estimé de tous. Il vit, comme le dago, dans toutes les parties de l'île. Sa couleur ressemble à un tel point à celle du feuillage des arbres, que souvent le chasseur les confond.

Le notou et le pigeon vert font leur nid sur les arbres de moyenne hauteur et ne pondent qu'un œuf; le dago, lui, niche dans une touffe d'herbe à terre, il ne pond également qu'un œuf.

Dans toutes les parties boisées de l'île, habite une tourterelle de la grosseur du pigeon vert. Elle a le dos verdâtre et le ventre marron, sa chair est très fine. Elle pond deux œufs et fait, comme celle de France, son nid dans les fourrés à 1 mètre ou 1 mètre 50 au-dessus du sol.

Dans les régions où vit le notou, il existe un oiseau de la famille des suceurs, noir avec des caroncules rouges ou jaunes autour des yeux, et gros comme le geai de France. Cet oiseau descend rarement dans les régions inférieures à 300 mètres d'altitude. On y voit aussi quatre espèces de perruches, toutes très jolies. La plus grosse, de la taille d'une tourterelle de France, a tout le corps d'un beau vert-clair, le bec noir, et sur la tête, une plume de cette couleur, de plusieurs centimètres de longueur et qui ressemble à une corne, ce qui lui a fait donner le nom de *perruche cornue à bec noir*. Une autre plus petite, sans huppe, ne diffère de la première, sous le rapport du plumage, que par le point rouge qu'on remarque sur sa tête. La troisième, de la taille de la précédente, se distingue par des couleurs plus vives et plus variées : sa tête est bleue, sa poitrine rouge, son dos vert, le dessous de ses ailes jaune. Enfin, la quatrième, qui est la plus petite, a beaucoup d'analogie avec les *inséparables* d'Australie. Plusieurs espèces de merles siffleurs et une foule de petits oiseaux se trouvent dans les mêmes parages.

Sur tous les cours d'eau, marais ou étangs, autres que ceux des terrains miniers, on trouve des canards sauvages et des sarcelles, deux gibiers très appréciés dans le pays, surtout le dernier. On distingue trois espèces de canards, un entièrement gris, un autre également gris avec les ailes d'un bleu ardoisé, et le troisième roux-foncé. Celui-ci ne se tient que sur les grandes rivières ou sur les grands marais, il a le vol beaucoup plus rapide que les deux premiers. On rencontre quelquefois avec ces canards, un pétrel plus gros qu'eux, mais cela est assez rare.

Une espèce de plongeon de la grosseur d'une tourterelle vit aussi dans les eaux douces de la Nouvelle-Calédonie. Le long des cours d'eau, on voit assez souvent deux espèces de butors, l'un gris, l'autre marron-clair avec une huppe noire, et une variété de héron gris-cendré, vulgairement nommé long-cou, qui fait toujours son nid dans le voisinage de l'aigle marin, sans doute pour placer sa couvée sous la protection de ce dernier, et pour profiter des débris de poissons que laissent tomber les petits de l'aigle.

A l'embouchure des rivières et le long des côtes, vivent deux crabiers de grande taille, l'un brun et l'autre complètement blanc. Peut-être n'est-ce que le mâle et la femelle ? Ce qui le ferait supposer, c'est leur habitude de rester ensemble.

Plusieurs espèces de pluviers et de bécassines et un courli vivent sur le bord de la mer ; leur chair est généralement huileuse et sent le poisson.

Sur les versants des grandes montagnes, on trouve dans des terriers semblables à ceux que font les lapins, une espèce de fou gris-cendré, un peu moins gros que le canard, qui ne sort que la nuit pour aller chercher sa nourriture sur les côtes.

Un des oiseaux les plus communs dans l'intérieur est un *corbeau-aboyeur*, un peu moins gros que celui de France. Il vit d'insectes, d'œufs, de petits oiseaux qu'il déniche en l'absence des parents, et aussi des cadavres humains que les Canaques déposent sur les arbres, au haut des montagnes, lieux ordinaires de sépulture de ce peuple sauvage. Lorsque le corbeau-aboyeur chasse des insectes qui se mettent hors de sa portée, en se réfugiant dans un trou ou sous une écorce, il emploie un moyen très ingénieux pour les faire sortir : il cherche une branche de bois sec, fine et flexible, d'une dizaine de centimètres de longueur et, la tenant à son bec de manière qu'elle en forme le prolongement, il l'introduit dans le trou ou sous l'écorce et la remue en tous sens, jusqu'à ce que l'insecte effrayé quitte son abri et devienne sa proie. Il se nourrit aussi de la noix d'un arbre vulgairement appelé *bancoulier* (*Aleurites triloba*). Comme l'enveloppe de cette noix est fort résistante, il se sert pour la casser d'un mode assez curieux : il choisit un arbre élevé, sous lequel il y ait une roche assez dure et, d'une branche située perpendiculairement au-dessus de cette pierre, il y laisse tomber la noix qu'il veut briser. Si elle n'est pas rompue du premier coup, il recommence jusqu'à ce qu'il ait réussi. Les arbres qui lui servent à cet usage sont faciles à reconnaître au tas de coquilles amoncelées au pied. La tourterelle et la perruche cornue à bec noir auxquelles la noix du bancoulier sert aussi d'aliment, ne manquent pas de tenir compagnie au corbeau pendant qu'il se livre à son exercice.

Une espèce de geai, gris-cendré, de la grosseur de celui de France, connu en Calédonie sous le nom de *siffleur*, est très répandu et la poule sultane, qui a un plumage bleu-métallique et, sur la tête une crête aplatie de couleur écarlate, l'est presque également. Le premier, très familier, reste volontiers dans le voisinage des habitations, tandis que la poule sultane se tient de préférence dans les parties boisées et humides. La chair de cette dernière n'est pas très bonne. On trouve dans ces mêmes endroits une autre poule brun-foncé, qui ne peut voler et dont les plumes ressemblent à du poil : peut-être est-ce un diminutif de l'*aptéryx austral?* Un râle presque aussi gros que celui de France y est assez commun, mais il est extrêmement difficile, même avec le chien le mieux dressé, de le faire lever : sa chair, comme celle de la poule brune, est appréciée.

L'île possède, en outre, sur les mamelons couverts de graminées, une caille plus petite que celle d'Europe et qui n'en diffère, sous le rapport du plumage, que par la gorge qui est d'un rose-pâle. Une multitude de petits oiseaux peuplent les endroits frais et ombreux de la colonie. Le merle, la grive, le sansonnet, le martin-pêcheur, deux variétés d'hirondelles, plusieurs petits suceurs dont le chant ne manque pas d'agrément et rappelle même, dans quelques notes, celui du rossignol, se rencontrent à peu près partout; beaucoup d'autres, qui semblent appartenir par leurs mœurs et leurs formes, bien que leur plumage soit différent, aux familles des fauvettes, des mésanges, des rouges-gorges, des traquets, des roitelets, ne sont pas moins communs. On trouve d'un bout à l'autre de l'île un petit *cardinal* de la grosseur du roitelet, qui a la tête et la queue rouge-écarlate, avec le reste du corps d'un beau vert-feuillage, et dans les bois, un oiseau-mouche vert et rouge.

M. Pallu de la Barrière, afin d'augmenter ces variétés d'oiseaux, a demandé en France des geais', des merles, des pies, des bouvreuils, des allouettes, des pinsons, des mésanges, des rossignols. Le moineau, qui a été introduit à Nouméa, il y a quelques années, s'y est développé d'une façon remarquable. On en voit actuellement des bandes considérables autour des habitations. Enfin, un merle *dit* des Moluques, insectivore par excellence, a été importé depuis peu pour être utilisé dans la destruction des sauterelles et autres insectes nuisibles. Cet oiseau très familier s'est multiplié rapidement, surtout à la Dumbéa et à Bourail.

La *roussette*, grosse chauve-souris ayant quelquefois un mètre d'envergure, est l'animal le plus commun dans la colonie. Le jour, on la voit par troupes dans toutes les parties boisées, suspendue, la tête en bas, au moyen des griffes dont ses ailes sont armées; la nuit, elle voyage pour chercher sa nourriture qui se compose exclusivement de fruits et de fleurs qu'elle mâche pour en tirer le suc, sans en avaler la substance. Ce mammifère n'a, généralement, qu'un petit que la femelle porte, après sa naissance, accroché sous la membrane qui lui sert d'aîle. Sa chair est fort huileuse et exhale une odeur qui se rapproche beaucoup de celle du renard. Les indigènes en sont très friands et la préfèrent à celle de tout autre gibier.

Les oiseaux de proie sont assez nombreux dans la colonie. On remarque trois variétés d'éperviers, dont deux gris et un couleur ardoise sur le dos et blanc sous le ventre. Ce dernier est particulièrement dangereux pour les jeunes volailles, et son audace est telle, qu'on en a vu venir, sous le pas des personnes, enlever des poulets; aussi, lui fait-on une guerre acharnée. Il y a enfin le balbusard, le milan, l'aigle marin à tête blanche, dont l'adresse à la pêche est surprenante, et le gerfaut, dont le vol est si rapide qu'il saisit les pigeons dans l'air. Cette espèce se voit assez rarement.

Au dire des indigènes, il n'y aurait que deux quadrupèdes originaires de la Nouvelle-Calédonie : un petit rat gris, un peu plus gros qu'une souris, et un chat à robe zébrée, qui vivent dans toutes les parties de l'intérieur. Les quelques lièvres qu'on rencontre aux environs de Canala, et les quelques cerfs qui sont dans la région voisine de Nouméa, ont été importés. Les porcs sauvages, dont on fait remonter l'introduction au passage de Cook, sont plus répandus, il y a même des endroits où l'on peut les compter par milliers. Les souris ordinaires et les nombreux rats de forte taille, qui abondent le long des cours d'eau et autour des habitations, viennent d'autres pays. Les grands quadrupèdes domestiques, bœufs, chevaux, mulets et ânes; les moutons, les chèvres, les chiens, les lapins, qui sont en grand nombre aujourd'hui, et les différentes espèces de volailles, étaient autant d'animaux inconnus des naturels avant l'apparition des Européens. Des troupeaux de chèvres devenues sauvages errent sur quelques montagnes de l'intérieur.

La famille des reptiles n'est composée que de quelques espèces de lézards et tarentes, qui peuvent atteindre la grosseur du bras. Il n'y a aucune couleuvre ni serpent. Sur les côtes, on rencontre quelquefois de petits serpents de mer qui viennent, pendant le temps qu'ils changent de peau, se mettre à l'abri de leurs ennemis dans les crevasses des rochers.

Il y a une dizaine d'années, on a importé d'Australie à Nouméa une petite grenouille verte, qui s'est répandue dans l'intérieur avec une rapidité extraordinaire. On en trouve présentement partout, dans le centre et dans le Sud de l'île; sous peu, la colonie tout entière en sera peuplée. Lorsque le temps est à la pluie, elles forment dans les endroits humides des concerts assourdissants.

Dans les bois, sont établis beaucoup de nids d'abeilles qui donnent un miel excellent. Il y a à peine dix ans, on comptait les quelques ruches qui venaient d'être importées dans le pays, aujourd'hui on en trouve dans presque tous les arbres creux. Avec ce miel, on a récemment commencé à fabriquer, sur certains points de l'île, une boisson, l'*hydromel*, qui est très rafraîchissante. On pourrait, en même temps, tirer partie de la cire, mais jusqu'à ce jour, personne n'y a songé. Il y aurait là, pour des gens connaissant l'élève de l'abeille, toute une industrie nouvelle à créer dans la colonie.

Un seul insecte est à craindre dans le pays, c'est une araignée de la grosseur d'un pois, presque noire, avec un petit point rouge sur le dos, qui vit dans les endroits sombres et humides; sa morsure occasionne des douleurs très vives et une fièvre qui dure plusieurs jours. On rencontre aussi un petit scorpion, dont la piqûre n'est pas plus mauvaise que celle de l'abeille.

Le moustique pullule, principalement dans les vallées près de la mer, surtout sur la côte Ouest. Ce petit insecte oblige les habitants à couvrir leurs lits de moustiquaires sans lesquelles ils ne pourraient dormir. Même de jour, pendant la saison chaude, on en est fort incommodé, particulièrement lorsqu'on a des occupations qui forcent à rester en place. Pendant les premiers mois de son séjour, l'immigrant a à souffrir de piqûres qui forment de petites cloches, mais, par la suite, il y devient moins sensible et il s'habitue même au bourdonnement aigu de cet insecte, si désagréable aux nouveaux arrivants. On a remarqué que le moustique diminue considérablement de nombre dans les localités où l'on cultive et où l'on fait des défrichements d'une certaine importance. Il a dans la grenouille un ennemi redoutable : cette dernière, qui vit dans les endroits marécageux où se développent les myriades de larves de moustiques, s'en nourrit et en détruit ainsi des quantités énormes.

La mouche ordinaire, qui a été importée par les Européens, peuple toute l'île. Dans la saison chaude, elle apparaît en quantité innombrable, et son envahissement obstiné, dont rien ne saurait vous protéger, est un ennui pendant le jour pour les habitants.

La puce, qui a aussi été importée, pullule dans l'intérieur des habitations avec une rapidité prodigieuse. On ne parvient à s'en préserver que par une constante propreté et par le lavage répété des appartements. Quant aux parasites ordinaires de l'homme, il sont rares, et le climat ne semble pas favorable à leur multiplication.

Les fourmis, quoique très nombreuses, ne causent aucun dégât appréciable dans les champs, ni dans les maisons. Plusieurs espèces d'escargots se voient dans les bois, et la plus grosse, connue sous le nom de bulime, est comestible. Vers le mois de mars ou avril, des limaces grises se montrent en grande quantité dans les terres à culture, et causent certains dommages aux premières plantations; les jardins ont plus spécialement à en souffrir. Parfois apparaît aussi une irruption de chenilles noires qui s'attaquent surtout aux pâturages, mais cela est peu fréquent. Enfin, une variété de gros papillons peuple les vallées fraîches de l'intérieur et endommage quelquefois, dans les vergers de peu d'importance, les fruits, tels que les oranges, les pêches, etc.; les autres espèces sont complètement inoffensives.

Mines

La terre calédonienne peut passer pour riche en minerais. On y a découvert, jusqu'à ce jour, de l'or, du cuivre, de l'antimoine, du nickel, du cobalt, du chrome de fer, du fer et du charbon. Le gypse en cristaux a été trouvé dernièrement et fait en ce moment l'objet d'une exploitation. Le calcaire est très répandu.

Les mines exploitées qui occupent le plus d'ouvriers sont :

Celles de cuivre . . . . au Diahot (Nord de l'île);
Celles de nickel . . . . à Thio (côte Est) ;
Celles d'antimoine . . . . à Nakéty (côte Est);
Celles de chrome de fer et
de cobalt . . . . à { Canala (côte Est); et Plum (Sud de l'île).

Les ouvriers, dans ces mines, gagnent de 5 à 15 fr. par jour, suivant leurs professions et leur degré d'habileté; le mineur proprement dit, qui n'est souvent autre chose qu'un terrassier, reçoit de 5 à 7 francs de salaire journalier.

Tous les terrains miniers sont loin d'avoir été explorés, et chaque jour on découvre des mines nouvelles. Chacun peut en toute liberté se livrer à la recherche des mines dans l'étendue entière de la colonie. Le découvreur d'un gîte de n'importe quel minerai le sauvegarde à son profit, en demandant un permis de recherche pour la surface qu'il juge lui être nécessaire. Ce permis, qui lui est délivré moyennant un droit annuel de 1 fr. par hectare, lui donne le droit d'occuper seul la surface qu'il a indiquée. Les mines en exploitation payent à l'État une redevance de 3 francs par hectare et par an; celles non exploitées, 10 francs. Une mine est dite en exploitation lorsqu'elle occupe quatre hommes par 100 hectares.

Les exemples ne sont pas rares de gens qui, munis d'une pioche et de quelques jours de vivres, ont trouvé des mines qu'ils ont vendues à des compagnies pour des sommes relativement considérables. L'Administration donnerait à titre gratuit à un immigrant, qui viendrait pour travailler dans les mines, un lot urbain de 20 ares dans le village le plus à proximité, pour construire son habitation et faire son jardin.

Les mines, qui ne sont encore qu'à leur début, semblent appelées à un grand avenir, et la colonie leur devra certainement une partie de sa prospérité. L'exportation des minerais s'est élevée, en 1882, à plus de deux millions, et en 1883, à environ trois millions. La richesse de ceux extraits jusqu'à ce jour commence à attirer l'attention des grands capitalistes, de nouvelles sociétés se forment, et les transactions deviennent de plus en plus importantes; mais le nombre de ces sociétés est insuffisant pour tirer tout le parti qu'on est en droit d'attendre des ressources minières du pays. La Société *le Nickel*, qui compte parmi ses actionnaires la maison Rothschild, non seulement extrait le nickel du sol, mais encore le fond dans des hauts fourneaux qu'elle a construits à Nouméa. Elle fond aussi le cobalt, un minerai dont on s'occupe beaucoup depuis ces derniers temps. Le chrome de fer est recherché aujourd'hui, et il est de la part d'une Société anglaise l'objet d'une sérieuse exploitation dans le Sud de l'île. Enfin des hauts fourneaux viennent d'être construits à Nakéty pour fondre l'antimoine, et l'on parle d'en établir à Thio pour suppléer à ceux du chef-lieu qui ne suffiront bientôt plus à la fonte de tout le minerai que l'on tire de ces parages.

L'étendue des terrains miniers où l'on a des chances de trouver le nickel, le cobalt et le fer chromé, est considérable. Jusqu'à ce jour, il a été déclaré environ 1,160 mines dont la surface totale s'élève à environ 100,000 hectares; très peu d'entre elles sont en exploitation, faute de capitaux.

Il y a place en Nouvelle-Calédonie pour plusieurs grandes compagnies, et il serait même à désirer dans l'intérêt général que le nickel, qui y est si abondant, ne restât pas entre quelques mains. La mine de cuivre du Diahot emploie continuellement de 300 à 400 ouvriers et produit de beaux résultats; celle de Koumac, *la Boanoumala*, donne de grandes espérances et bientôt elle sera l'objet d'une exploitation sérieuse. Des affleurements de charbon qui méritent d'être remarqués ont été découverts sur plusieurs points, mais l'absence de capitaux a toujours fait qu'aucun travail n'a été entrepris pour en connaître l'importance. Il y a cependant là un bien grand intérêt au point de vue tant industriel que national, et le Gouvernement de la colonie n'y restera certainement pas indifférent.

Sol

Le sol de la Nouvelle-Calédonie peut être divisé en quatre catégories : les alluvions ou terres à culture, les forêts, les pâturages et les terrains arides ou miniers.

Les alluvions, en général très riches, ils ont de 3 à 6 mètres de terre végétale; leur surface est la moins considérable et n'occupe que le 1/50e de celle de l'île, soit 43,000 hectares, dont 7,500 hectares encore disponibles pour la colonisation.

Les forêts, situées le plus souvent sur les sommets et sur les versants de montagnes plus ou moins hautes, ont un sol fertile, quoique moins profond que les précédentes ; la superficie totale en est d'environ 100,000 hectares. Aucune partie n'a encore été concédée, toute cette surface est donc à la disposition de ceux qui voudraient se livrer à l'exploitation des bois.

Les pâturages, qui couvrent une étendue de près de 800,000 hectares, ont un sol ordinairement argileux. Ces terrains où poussent   iaouli et le bois de fer peuvent recevoir, da   eaucou de parties, des cultures vivrières et industrielles. Il reste actuellement une surface de 211,062 hectares non aliénée.

Quant aux terrains miniers, ils sont recouverts de fougères rabougries et de broussailles ; quelquefois on y rencontre des bouquets de forêt présentant de beaux arbres, mais le cas est rare. Leur sol est inutilisable, soit comme pâturage, soit pour la culture.

Cultures

Les cultures les plus répandues dans la colonie sont celles du maïs, des haricots, du café, du riz, du manioc, du tabac, des légumes et de la luzerne, et sur certains points celle de la canne à sucre.

Maïs. — Le maïs, qui a été jusqu'à ce jour l'objet de la culture des colons à leur début, produit, dans les terres d'alluvion, pendant les deux ou trois premières récoltes, jusqu'à quatre tonnes à l'hectare. On peut en faire dans le même champ deux récoltes par an ; la production tombe successivement à trois, à deux et demi, et enfin à deux tonnes à l'hectare. Le prix varie de 80 à 200 francs la tonne, suivant l'encombrement du marché.

La culture du maïs en Nouvelle-Calédonie est des plus simples. Dans les terrains alluvionnaires couverts de bois et de broussailles, on se contente de couper le tout au ras de terre, d'en faire des tas et d'y mettre le feu lorsqu'ils sont suffisamment secs ; ensuite avec une houe ou une binette, on fait des trous de 10 à 15 centimètres de profondeur dans lesquels on dépose deux ou trois grains qui, cinq mois après, donnent leur récolte. Une fois ce premier produit obtenu, on rassemble de distance en distance les tiges de maïs que l'on brûle, comme on a fait de la broussaille et des bois, puis on replante aussitôt le champ, et ainsi de suite jusqu'à ce que les souches et les racines restées en terre soient entièrement pourries, ce qui demande environ trois années. Alors quelques-uns labourent le terrain à l'aide d'une charrue, d'autres préfèrent la plantation à la houe. Le labourage de ces terres d'alluvion, qui sont sujettes à inondation, présente le grave incon-

vénient de risquer de voir les eaux emporter la couche
végétale remuée, si une crue se produit avant qu'elle
n'ait eu le temps de s'affermir à la surface. La récolte,
dans un terrain labouré à la charrue, lorsqu'elle n'a pas
à souffrir des inondations, est supérieure à celle obtenue
par l'emploi de la houe. Ces terres d'alluvion sont si
riches parfois, qu'on a pu faire des cultures de maïs
pendant près de dix ans dans le même champ, sans
y mettre aucune fumure. C'est du reste un grand
tort, car on arrive forcément ainsi à épuiser un sol
qu'il serait très facile de conserver fertile pendant un
temps infini.

Le maïs a eu un ennemi bien plus terrible que les
inondations et les coups de vent, c'est la sauterelle.
Tant qu'une région était envahie par cet insecte, il
devenait impossible de se livrer à cette culture, pas
plus qu'à celle de la canne à sucre et du riz. Le café, le
tabac, les ananas et les légumes n'ont pas toutefois à
redouter ce fléau. Le gouvernement de la colonie, se
préoccupant avec raison de la destruction d'un insecte
qui fait tant de ravages, a établi une prime assez élevée
par kilogramme de sauterelles détruites et, lors de la
dernière invasion, il en a été ramassé des centaines
de tonnes. Grâce aux mesures prises et à certaines in-
fluences climatériques contraires au développement de
cet insecte, la colonie en est aujourd'hui complète-
meut débarrassée. Cette constatation importante vient
d'être faite par la commission des réserves pour la colonisation libre et pour la colonisation pénale, laquelle a
visité l'île dans ses parties même les plus ignorées.

Haricots. — La culture des haricots se fait en Nouvelle-Calédonie sur une assez grande échelle. Ce produit
trouve un débouché appréciable auprès de l'Administration qui en prend une certaine quantité pour ses
milliers de rationnaires. Cette culture est également
choisie par les colons nouveaux à cause de son extrême
facilité. On fait aussi deux récoltes par an dans le même
champ. Quelques-uns sèment les haricots entre les
lignes de maïs, ce qui leur fait en même temps presque
deux récoltes au lieu d'une seule. Un hectare de bon
terrain donne de deux à trois tonnes par récolte. Le prix

de la tonne varie de 100 à 350 francs, suivant que la production est plus ou moins considérable.

Cette culture serait extrêmement avantageuse si son écoulement était assuré, mais on arrive très vite à une production qui dépasse la consommation, et dans ce cas, ce produit, de même que le maïs, tombe à très bas prix.

Café. — Le café, dont la culture est encore relativement restreinte, semble devoir être dans l'avenir un des produits le plus sérieux de la colonie. Les premières plantations ont été essayées dans des terrains de qualité inférieure, tandis que le caféier a besoin d'une terre saine, riche et profonde. Cultivé en plein soleil, sans abri, il produit beaucoup, mais il dépérit promptement; planté sous bois ou abrité artificiellement, il se comporte bien mieux et vit plus longtemps avec un rendement moindre.

Le caféier se plante ici de diverses façons. Les uns mettent le grain en terre à la place que doit occuper l'arbuste, d'autres font des semis et transplantent les plants lorsqu'ils ont un an. Ce dernier système qui est généralement employé est beaucoup plus pratique que le premier. Le caféier ne produit qu'une fois par an, il ne commence à donner qu'après la deuxième année de plantation, et il est en plein rapport à la quatrième. La maturité n'a pas lieu en même temps pour tous les grains d'un même arbuste, par suite, la cueillette dure près de trois mois, ce qui nécessite une certaine main-d'œuvre. Un hectare peut recevoir 2,500 caféiers qui, une fois en plein rapport, produisent de 500 à 1,000 kilogrammes de café. Le prix varie de 1 fr. 80 cent. à 2 fr. le kilogramme.

La culture du caféier serait d'un grand produit si l'on avait à volonté la main-d'œuvre à bon marché, mais la difficulté qu'on éprouve ici pour se la procurer, et le prix relativement élevé des salaires, font que cette culture ne pourra être poursuivie en grand d'une manière économique que lorsqu'on aura des travailleurs autres que ceux dont on dispose actuellement. Le petit colon, surtout celui qui a une famille, peut avec avantage en cultiver 1 et même 2 hectares; c'est un appoint sérieux dans ses produits et dont l'écoulement est assuré à un prix rémunérateur.

Le café de la colonie est d'excellente qualité. Toutes les personnes qui en ont goûté sont d'avis qu'il n'est pas inférieur à celui de la Réunion. La préparation est assez simple. Tantôt on le dépulpe à l'aide d'une petite machine mue à la main, tantôt on se sert de pilons en bois mis en mouvement par une roue hydraulique. Ce dernier moyen est le plus pratique lorsqu'on en a une certaine quantité à apprêter. Le café séché en *cerise*, c'est-à-dire dans son enveloppe naturelle, est supérieur à celui qui subit, aussitôt récolté, un lavage destiné à enlever ce que l'on nomme *la chair de la cerise*, et qui ne laisse autour du grain que la pulpe parcheminée dont il est recouvert. Plus le café vieillit en cerise, meilleur il devient, et les habitants de la colonie préfèrent le payer 0 fr. 25 cent. et même 0 fr. 50 cent. de plus par kilogramme pour en avoir dans ces conditions.

Les bonnes terres alluvionnaires profondes et perméables conviennent particulièrement au caféier; surtout si on a le soin de l'abriter. Le meilleur abri connu est un acacia qui croît très rapidement et qui donne un excellent bois, nommé ici *bois noir*. Cet arbre qui n'est pas indigène et qui, contrairement à la plupart des essences de l'île, se dépouille tous les ans, fournit avec ses feuilles un engrais excellent pour le caféier; il offre en outre un avantage non moins favorable à cet arbuste : à la floraison de ce dernier, c'est-à-dire à l'époque où il a besoin de soleil pour la fructification de ses fleurs, l'arbre est nu, et rien n'empêche les rayons fécondants d'arriver au caféier dans toutes les directions. Au contraire, lorsque dans la saison chaude le jeune grain en formation craint une trop forte chaleur, l'acacia le protège de son feuillage tamisant.

Les forêts, une fois débarrassées de la basse futaie, offrent au caféier un abri naturel dont il s'accommode parfaitement. L'expérience faite dans les forêts de Ciu, près Canala, sur une surface de 150 hectares par un planteur des plus sérieux de la colonie, M. Laurie, et celles tentées dans les mêmes conditions à Nakéty, prouvent surabondamment que la culture du caféier doit surtout être poursuivie dans les forêts propres à cette opération, et dont la surface disponible n'a pas moins de 17,000 hectares : sous ces grands arbres, peu ou point d'entretien, aucune herbe ne vient gêner le développement du caféier; seuls, quelques lianes et quelques petits arbrisseaux doivent être détruits de temps en temps, travail insignifiant qui ne peut être comparé à celui que nécessitent les soins d'une caféière en plein air.

L'immigrant laborieux et qui désire travailler en vue de l'avenir doit se préoccuper, dès son arrivée, de se procurer des grains de café pour faire des semis, ou mieux encore, des plants qu'il mettra immédiatement en terre. Outre que ce produit lui sera d'une grande utilité personnelle, en lui fournissant sans déboursé une boisson tonique et stimulante, nécessaire à tout habitant des pays chauds, il constituera en même temps le fonds le plus certain de son exploitation.

Riz. — La culture du riz est peu répandue. On le cultive à Canala dans les terrains humides. Il réussit très bien dans les terrains marécageux, et donne un rendement de 1 tonne 1/2 à 2 tonnes par hectare. Le prix flotte de 300 à 400 fr. la tonne, suivant la qualité. Le riz rouge ou riz de montagne, moins beau que le blanc, pousse dans les terrains secs, mais il se vend moins cher. Le résultat obtenu permet d'espérer que bien des points de la colonie présentement inutilisés, seront bientôt transformés en rizières, aujourd'hui surtout qu'on n'a plus à craindre les sauterelles et que la population tend à augmenter.

Cette culture, comme celle du café, exige passablement de main-d'œuvre, car la maturité n'est pas non plus très régulière, et à moins de travailleurs à bas prix, il n'y a que le petit colon ayant de la famille à qui ce produit pourra être fructueux. Dans les centres de culture, les petits colons commencent à comprendre qu'il est de leur intérêt d'avoir un champ de riz, au moins pour leur usage, car chaque famille en consomme une certaine quantité qu'elle achète au commerce, à raison de 0 fr. 60 c. le kilogramme.

Manioc. — Le manioc, cette racine si précieuse, pousse en Calédonie d'une façon admirable dans tous les terrains, pourvu qu'ils ne soient pas marécageux ni trop humides. Il n'est pas rare de voir dans les bonnes terres des pieds donner jusqu'à 50 kilogrammes. Aux Antilles et dans d'autres colonies, on est obligé, avant de s'en servir, de lui faire subir une préparation, pour lui enlever ses principes vénéneux; en Nouvelle-Calédonie, il ne contient rien de malfaisant, et cette précaution est inutile. C'est un produit des plus profitables pour les colons. Simplement cuit à l'eau, il peut, au besoin, remplacer le pain dans les repas; râpé, on en tire une fécule, le tapioca, appréciée des amateurs de potage.. La volaille et les bestiaux tels que le porc le mangent cuit ou crû et s'en engraissent; les chevaux, lorsqu'ils en ont l'habitude, s'en nourrissent volontiers; la vache mange non seulement la racine, mais encore les feuilles, elle s'en engraisse et donne plus de lait.

Le premier soin d'un colon qui s'installe doit être de défricher un coin de terre et d'y planter du manioc. La culture en est facile, un simple morceau de tige fiché dans un terrain labouré suffit, et aucun entretien n'est ensuite nécessaire jusqu'à la récolte, qui peut commencer au bout de dix ou douze mois. Après ce temps, le manioc peut rester jusqu'à trois ans en terre sans être employé et sans risquer de se gâter. Un hectare de manioc de deux ans d'âge fournira de 60 à 100 tonnes de racines, suivant la qualité du terrain.

Aucun industriel n'a encore songé ici à tirer parti de cette racine pour la fabrication, soit du tapioca, soit même de l'alcool. Le pays est sans doute encore trop nouveau, mais certainement, lorsqu'il sera plus peuplé et que l'industrie aura pris un certain essor, on ne pourra manquer d'utiliser plus sérieusement une plante qui pousse avec tant de facilité.

Tabac. — Le tabac se cultive présentement dans plusieurs centres. Une manufacture existe à Nouméa, et quelques colons de l'intérieur préparent eux-mêmes leurs récoltes. Différentes espèces ont été introduites dans la colonie; le kentucky, le sumatra, le java, le virginie, le manille, le violette, les deux qualités que la Régie tire du sol de la métropole, ont été essayés à

Moindou. Malheureusement, faute de soins, toutes ces espèces se sont hybridées et ont formé avec celle cultivée par les indigènes une variété qui, quoique très bonne encore, n'a pas conservé les propriétés particulières qu'on aurait pu obtenir en s'occupant plus soucieusement de cette culture.

On peut faire, dans une année favorable et sur le même pied, deux et jusqu'à trois récoltes, la deuxième est généralement la plus abondante. Un hectare bien soigné peut produire dans ces récoltes 1,500 à 2,000 kilogrammes qui, mis en manoques, se vendent de 75 cent. à 1 franc le kilogramme, suivant la qualité.

Canne à sucre. — La canne à sucre a été l'objet de divers essais à Saint-Louis, à la Dumbéa, à Païta, à la Tamoa, à la Ouaméni et à Bourail. Des usines pour faire le sucre et le rhum ont été construites dans ces localités, mais excepté celles de la Dumbéa et de Bourail qui fonctionnent aujourd'hui entre les mains de l'Administration pénitentiaire, toutes les autres ont été fermées, et la culture de la canne à sucre a été à peu près mise de côté. Est-ce à dire pour cela que la colonie ne puisse pas produire du sucre? non. Les causes prédominantes qui ont découragé les planteurs et fait suspendre le travail des usines sont les sauterelles, l'infériorité des machines et du matériel de fabrication, et le manque de routes qui rendait les transports très difficiles et très coûteux. Les sucriers employés ne possédaient pas toujours, non plus, les connaissances requises pour tirer tout le parti possible de la situation. Maintenant, les sauterelles ont disparu, ce qui a permis de reprendre la culture à la Dumbéa et à Bourail. A la Foa et à Moindou, des industriels sont en pourparlers pour la création de deux nouvelles usines. On se préoccupe du perfectionnement de l'outillage, et il y a tout lieu d'espérer que les prochaines installations seront mieux appropriées aux besoins de cette industrie.

La canne réussit complètement dans les bonnes terres et même dans celles de deuxième qualité. A Bourail, on parvient à retirer de 80 à 130 tonnes de cannes à l'hectare, soit de 4 à 6 tonnes de sucre que l'on vend de 400 à 450 francs la tonne. Les sirops donnent, en outre, de

1,000 à 1,500 litres de rhum, lequel vaut de 40 à 50 c. le litre. Il est bon de dire qu'il faut à la première coupe d'une plantation quatorze à seize mois d'âge pour être en maturité, celles qui suivent se font tous les ans. Un champ de cannes à sucre bien entretenu peut durer de sept à huit ans, si le sol est suffisamment riche. Tout compte fait, l'hectare planté ne donne pas annuellement moins de 2,000 à 2,300 francs de produit brut; en déduisant de ce chiffre la part de l'usinier, il reste encore net pour le planteur de 1,000 à 1,100 francs par hectare.

Des centres comme Bourail qui renferme près de 2,500 hectares de terres cultivables de premier ordre, ou comme la Foa qui n'en a pas moins de 1,500, pourraient alimenter chacun plusieurs usines à sucre. En dehors de ces points, il serait facile d'en établir d'autres dans des vallées de moindre importance, telles que celles de Moindou, de Pouembout, de Koné, de Poya, etc., partout, en un mot, où il y aurait un groupe suffisant de petits concessionnaires. Cette culture ne saurait être, en effet, entreprise en grand, toujours à cause de la difficulté de la main-d'œuvre; elle ne peut se faire fructueusement que par les petits colons ayant de la famille, et encore chacun d'eux ne devra pas en faire sur sa concession plus d'un hectare, de façon à pouvoir alterner ses cultures.

La colonie changerait d'aspect le jour où, comme les colonies voisines, elle pourrait exporter des rhums et du sucre. La richesse ou tout au moins un grand bien-être régnerait parmi les petits colons qui auraient, outre le café, un produit non moins sérieux et ne suivant pas les fluctuations d'un marché trop étroit.

Ananas. — Une nouvelle culture, celle de l'ananas, vient d'être tentée avec succès à Nakéty (côte Est), par un industriel, M. Rouzaud, qui a fait avec ce fruit une bonne eau-de-vie valant celle de qualité ordinaire que l'on consomme présentement. Ce produit ne peut manquer d'être apprécié sur les marchés de la métropole. D'après les résultats, on est en droit d'espérer que cette culture, qui n'a rien à redouter des fléaux du pays, cyclones, inondations, etc., prendra prochainement un grand accroissement. C'est sans contredit la plus simple et la plus facile de toutes celles qui ont été essayées jusqu'à ce jour. Elle n'exige pas un terrain de 1re qualité, et une partie de ceux qui ont été dédaignés pour la culture lui conviennent parfaitement, et c'est par centaines de mille hectares qu'on les compte dans la colonie. Letravail de la plantation est loin d'être compliqué, il suffit de planter dans une terre labourée le bouquet de feuilles qui est sur la partie supérieure du fruit, pour que dix-huit mois après on ait une récolte. Chaque année ce pied donne des bourgeons qui, séparés de la tige principale et mis en terre, offrent une récolte au bout d'un an. Un champ planté dure plus de dix ans, et à partir de la deuxième année, chaque pied donne 2 et même 3 fruits. Le seul soin à prendre est d'empêcher l'herbe d'envahir la plantation. Un hectare a produit, la première année, environ 15,000 fruits qui ont donné 7,500 litres de jus, lesquels distillés ont fourni 750 litres d'eau-de-vie à 62°, plus, à l'arrière-saison (juillet et août), presqu'une demi-récolte. Ces derniers fruits contiennent, il est vrai, moins d'alcool que ceux de la récolte principale qui se fait en janvier, mais il est encore profitable d'en fabriquer du vin blanc ou du vinaigre.

Il serait à désirer, dans l'intérêt de la colonie, que cette culture, qui peut marcher de front avec celle de la canne, fût poussée activement. Celle-ci plus délicate occuperait les meilleures terres, et l'ananas les terres inférieures. L'usine à sucre servirait aux deux en distillant dans ses alambics les produits de l'ananas.

Cultures diverses. — On cultive avec succès en Nouvelle-Calédonie depuis le mois de mars jusqu'au mois de novembre, tous les légumes de France, la pomme de terre, la patate douce, les carottes, les choux, les pois, le salsifis, le navet, la tomate, les salades, l'oignon, le poireau, les melons, la citrouille, le céleri, le cerfeuil, le persil, etc. A l'aide de l'arrosage, certains légumes s'obtiennent durant toute l'année. Dans le même terrain, on peut faire deux récoltes de pommes de terre par an.

Les arbres fruitiers qui dominent sont l'oranger, le

mandarinier, le citronnier, le bananier, le pommier-canelle, le manguier, le goyavier, le pêcher de Shanghaï: ces deux derniers, en particulier, se répandent avec une extrême facilité. La presque totalité des arbres fruitiers ne sont pas greffés, malgré cela, les fruits sont très bons. Le letchi, le james-rosa, l'avocatier, le jacquier, le fraisier, sont encore assez rares, mais ils viennent parfaitement. Le framboisier de la Réunion pousse et se propage naturellement dans les terres en friche.

On obtient ici de bons raisins, mais aucune culture sérieuse n'a encore été entreprise au point de vue de la fabrication du vin. On a cependant remarqué qu'en pratiquant une taille en août, on obtenait en janvier une récolte dont la maturité était régulière. Il y a tout lieu d'espérer que la colonie pourra faire du vin, lorsque de vrais vignerons tenteront d'une manière suivie la culture de la vigne, qui pousse admirablement à peu près dans tous les terrains. Le Chef de la colonie vient de recevoir en très bon état d'Algérie des plants de vigne de toute espèce, demandés par lui pour des essais qui vont incessamment être faits à différentes altitudes.

L'indigo et le coton se plaisent sur le sol de la Calédonie. Quelques essais n'ont pas été fructueux, le prix de la main-d'œuvre étant trop élevé ; mais peut-être dans l'avenir, lorsque la population sera plus nombreuse, trouvera-t-on le moyen de tirer parti de ces plantes, qui croissent aujourd'hui à l'état sauvage et se multiplient naturellement avec tant de facilité.

La vanille commence à être connue ici. Les expériences faites laissent prévoir que la culture de cette plante prendra plus tard une certaine extension. A Nouméa, où les terrains sont de médiocre qualité, un essai a donné de très beaux résultats. La récolte de l'année 1882 a été vendue sur place a raison de 80 fr. le kilogramme. A la Dumbéa, M. de Greslan a aussi fort heureusement réussi. C'est une culture des plus simples et qui peut être pratiquée par des femmes et des enfants. Le support qui semble le mieux convenir à cette plante grimpante est le *bourao*, arbre indigène de la famille des *malvacées*.

Il serait à désirer que des épreuves fussent également

faites à l'égard du cacaoyer, qui vient à peine de faire son apparition.

La culture des céréales telles que le blé, le sarrazin, l'orge, l'avoine, n'a pas été essayée sérieusement, et l'on n'est pas fixé sur les résultats qu'on en pourrait attendre; les expériences n'ont pas été suffisamment renouvelées pour faire connaître exactement l'époque la plus propre aux semailles, dans le but d'obtenir une maturité régulière. Là est la question, car toutes ces céréales poussent très bien, mais comme dans la colonie la végétation n'a pas d'arrêt, il en résulte que dans une même touffe des épis sont mûrs, tandis que d'autres sont encore en fleur. Cependant, on a vu de petits champs d'avoine et d'orge mûrir à point comme en Europe.

La luzerne se cultive en ce moment sur plusieurs points; elle réussit parfaitement dans les terres saines et profondes, et donne jusqu'à six et huit coupes par an. Plusieurs essais de culture d'herbes fourragères provenant de pays tropicaux ont été suivis de succès.

Cocotiers. — Les différentes variétés de cocotiers qui existent dans la colonie ont été, en presque totalité, plantées par les indigènes. C'est sur la côte Est, qui est la plus peuplée, qu'on en compte le plus.

Cet arbre précieux, qui donne annuellement de 50 à 80 noix, dont les amandes séchées au soleil se vendent couramment, sous le nom de *coprah*, de 300 à 350 fr. la tonne, commence à fixer l'attention des colons néo-calédoniens. A Mouéo (côte Ouest), M. Escande en effectue en ce moment une plantation de 100,000 pieds. Dans la petite île de Baaba, au nord de la grande terre, où il y en a une assez grande quantité, la maison Morgan a installé une machine qui sert à préparer les fibres dont les noix sont recouvertes. Ces fibres avec lesquelles on fabrique des cordages estimés sont envoyées, une fois préparées, en Australie où elles se vendent fort bien.

Le cocotier ne donne ses premiers fruits qu'à l'âge de 8 ou 10 ans, suivant le terrain où il est placé. Les terres de l'intérieur chargées de calcaire, les alluvions des grandes vallées, les sables du bord de mer, lui plaisent particulièrement. Il pousse aussi sur certains mamelons schisteux, mais il craint les argiles compactes où l'on rencontre le niaouli. On a remarqué que les plus vigoureux sont ceux plantés sur les coraux soulevés du rivage de la mer, et leur développement est surtout remarquable, quand les racines ayant traversé la partie sèche du corail arrivent dans celle que baigne la haute mer.

Un hectare ne peut recevoir que 170 à 200 cocotiers, suivant les dispositions du sol, lesquels en plein rapport donnent 1 tonne 1/2 à 2 tonnes de coprah. Les fibres représentent aussi un produit dont il faut tenir compte.

L'enveloppe du fruit contient, en outre, une *cellulose* amorphe, imputrescible et élastique, qui mélangée avec les fibres dans de certaines proportions, d'après un système inventé par le Gouverneur actuel de la Nouvelle-Calédonie, M. Pallu de la Barrière, compose un matelas obturateur d'une légèreté extrême, dont l'application conduira sans doute à la solution du problème si controversé du décuirassement des navires.

Pendant les premières années d'une plantation de cocotiers, on peut cultiver entre les lignes, soit du café, du tabac, du maïs, des haricots, etc. Lorsque la plantation est en rapport, la culture du caféier peut se continuer, ainsi que celle de tous les arbres fruitiers.

Centres agricoles. — Les centres agricoles les plus importants sont Bourail, La Foa, Moindou, Canala. Quatre autres sont en formation au Diahot, à Koné, à Pouembout et à Nessadiou.

Bourail, qui a été créé en 1867, a présentement 386 familles de concessionnaires provenant de l'Administration pénitentiaire. Les terrains de culture valent, à l'époque actuelle, de 300 à 500 fr. l'hectare.

Moindou, qui date de 1873, n'a que des colons libres (50 familles). Les terrains y atteignent les mêmes prix que ci-dessus dans les ventes entre particuliers.

A La Foa, qui est un centre mixte de cinq ans d'existence à peine, où les concessionnaires libres et ceux de l'Administration pénitentiaire ne sont séparés que par la rivière, des ventes ont eu lieu dernièrement à raison de 900 fr. l'hectare. Cet accroissement si rapide de la valeur de la propriété dans cette localité, où les terres ne sont pas meilleures que dans les deux précédentes, est certainement dû à la présence simultanée de l'élément libre et de l'élément pénal sur le même point : l'argent que dépense l'Administration pénitentiaire pour la création de ses centres et pour l'installation de ses concessionnaires, profite au colon libre qui est voisin ; les routes faites par elle pour les besoins des siens et, sous certaines conditions, ses moyens de transport, servent à tout le monde. De là un mouvement d'affaires plus considérable et une prospérité, pour ainsi dire, immédiate, que les centres exclusivement libres ou exclusivement pénals n'atteignent qu'à force de temps. Il semblerait que l'industrie elle-même se fixe et s'étende plus volontiers dans ces centres mixtes.

Elevage

Bœufs. — L'élevage des bœufs de boucherie a été, jusqu'à ce jour, l'industrie la plus fructueuse pour les habitants de l'intérieur. Beaucup d'entre eux sont arrivés à la fortune par l'écoulement à un prix rémunérateur qu'ils ont trouvé auprès de l'Administration qui a de nombreux rationnaires.

Ce qui a permis aux éleveurs d'obtenir des résultats qu'aucune entreprise, excepté le commerce, n'a donnés jusqu'à l'époque actuelle, c'est la facilité qu'ils se sont ménagée de faire paître leurs troupeaux sur d'immenses terrains, en ne payant au Domaine qu'une faible redevance. On achetait ou louait dans une vallée de plusieurs milliers d'hectares appartenant à l'État, un terrain de 400 ou 500 hectares, et on y mettait quatre ou cinq fois plus de bétail que cette dernière surface n'en pouvait nourrir. Le troupeau pâturait et se développait pendant des années sur les surfaces voisines, et quand les pâturages étaient épuisés, on recommençait la même opération dans une autre vallée. Aujourd'hui, il n'est plus possible d'agir de la même façon. Le nombre des têtes de bétail a augmenté au point que la production dépasse la consommation, et les pâturages, qui ne sont l'objet d'aucun soin de la part des éleveurs, sont envahis par de mauvaises herbes qui finiront par les détruire complètement, si l'on n'y porte un prompt remède.

Les troupeaux qui se vendaient, il y a cinq ans, 250 à 300 fr. la tête, ne valent plus maintenant que 80 à 90 fr.; aussi quelques éleveurs commencent-ils à arrêter la production en castrant les génisses. L'élevage donne encore des bénéfices sérieux, grâce au contrat de fourniture passé par l'Administration de la colonie. Le kilogramme de viande lui est livré à 1 fr. 19; les particuliers la payent de 0 fr. 80 à 1 fr. 50, suivant les localités. Un bœuf de quatre ans donne en moyenne 300 kilogrammes de viande, la peau est vendue 15 à 20 francs.

Jusqu'à ce jour, l'élevage des bœufs a été pratiqué en grand, sans soin et au hasard par des gens qui, pour la plupart, n'avaient aucune connaissance de cette industrie. A peine s'est-on préoccupé de la question des races. Bien des troupeaux dégénèrent par la faute des propriétaires qui ne changent pas à temps les taureaux, afin d'éviter la consanguinité. Les génisses ne sont pas séparées; aussi, n'est-il pas rare d'en voir vêler à l'âge de 15 à 18 mois. Ce qu'ont demandé ces éleveurs qui, en général, ne résident pas sur leur station, c'est beaucoup de têtes. Aucune tentative d'amélioration de pâturage n'a été faite, on s'est toujours contenté de l'herbe qui pousse naturellement et qui ne constitue qu'une nourriture assez maigre : il en faut une moyenne de quatre hectares par tête pour que le bétail se conserve en bon état.

Dans l'état actuel de la colonie, il n'est plus possible de faire de l'élevage comme par le passé, et déjà les principaux éleveurs commencent à sentir le besoin de changer de système. Le moment est venu de détruire les mauvaises herbes et les broussailles qui envahissent, d'introduire des herbes nouvelles dans les pâturages épuisés, de ménager ceux qui sont encore en bon état en divisant les propriétés en grands paddocks, d'améliorer les races en introduisant des taureaux de choix. L'avenir appartiendra à ceux qui entreront résolûment dans cette voie, et la ruine atteindra ceux qui continueront les errements du passé. Il ne serait pas impossible, du reste, de rétablir les pâturages épuisés si, comme cela se pratique ailleurs, l'éleveur recueillait le fumier de son bétail et l'employait à l'amendement de ses terres. C'est dans ce but d'amélioration des pâturages que le Gouverneur a fait venir dernièrement toutes les graines d'herbes du Far West (Amérique), qui nourrissent les buffles sauvages de cette contrée.

Malgré les milliers de vaches qui existent sur les stations, l'éleveur proprement dit ne fait ni beurre ni fromage. Le lait, qui est assez rare, se vend 0 fr. 40 cent. à 0 fr. 50 cent. le litre dans les localités de l'intérieur, et 1 franc à Nouméa; les petits fromages blancs, de 0 fr. 30 cent. à 0 fr. 50 cent. la pièce. Il y a là toute une industrie à créer.

Chevaux. — L'élevage du cheval commence à acquérir une certaine importance. Le climat et les herbes lui conviennent admirablement; aussi a-t-on des produits vigoureux et résistants. Un cheval de 4 à 5 ans, d'une certaine taille, se vend de 700 à 1,200 fr.; d'autres plus petits, provenant généralement de l'île Norfolk ou du croisement de ces derniers avec ceux d'Australie, valent de 200 à 500 francs.

L'Administration locale a voulu fournir un nouvel encouragement aux éleveurs, en nommant une commission qui se transporte, à des époques déterminées, dans toutes les localités de l'intérieur pour acheter aux colons les chevaux nécessaires à la troupe et aux divers Services publics.

Moutons. — Les moutons réussiraient assez bien en Nouvelle-Calédonie, s'ils n'avaient pour ennemie une graminée, l'*Andropogon austro-caledonicum*, connue sous le nom d'*herbe à piquants*. Cette herbe, qui est très répandue sur la côte Ouest, et qui constitue, lorsqu'elle est jeune, le meilleur pâturage pour la race ovine, porte des graines armées de soies, qui piquent comme des aiguilles. Ces soies pénétrant à travers la laine dans les chairs du mouton, occasionnent des maladies graves. Le seul moyen préservatif est de faucher ou de brûler ces herbes avant leur maturité.

Les terrains bas et humides sont contraires à ce genre d'élevage, ils donnent aux troupeaux le piétin et la diarrhée. Un mouton vaut de 25 à 30 fr., sa laine se vend bien chez nos voisins d'Australie.

Chèvres. — Les chèvres se multiplient facilement et se plaisent dans tous les terrains. On fabrique, sur certains points de la colonie, avec leur lait un très bon fromage. Dans les localités où il n'y a pas de boucherie, les habitants remplacent la viande de bœuf par celle de bouc coupé, de chevreau ou de porc. Une chèvre se paye de 10 à 15 francs.

Porc. — Le porc est très commun et fait l'objet d'un commerce assez important. Le colon a à sa disposition pour le nourrir et l'engraisser rapidement, les choses les plus variées, le manioc, le coco, le maïs, la patate douce, la papaye, la banane, différentes espèces de lianes, d'herbes et de feuilles. Le prix sur pied varie de 0 fr. 75 cent. à 0 fr. 90 cent. le kilogramme; la graisse fondue se vend 2 francs.

Lapins. — Le lapin, quoique se multipliant avec une extrême facilité, est peu répandu.

Volailles. — Les poules, les canards barboteurs et ceux de Barbarie, les dindons, les pigeons, viennent à merveille et se multiplient facilement. De temps en temps apparaît une maladie particulière, qui en détruit des quantités considérables; heureusement cela est rare. Les paons, les pintades et les oies sont encore peu communs. Les poules se vendent dans l'intérieur 2 fr. 50 cent. à 3 francs la pièce; les dindons, 10 à 15 fr.; les pigeons, 1 fr. 50 cent. à 2 francs la paire. La facilité avec laquelle vient la volaille permettrait d'en faire l'élève plus en grand, et d'utiliser ainsi le maïs souvent vendu à un prix inférieur.

Pêche

La pêche ne se pratique encore qu'à Nouméa, chef-lieu de la colonie. Il y a dix ans, le poisson était une chose rare dans cette ville, mais depuis ce temps de véritables pêcheurs se sont établis, et tous les jours le marché est suffisamment approvisionné.

Les côtes sont très poissonneuses, surtout la côte Ouest. Les poissons pris en pleine mer ou près de terre sont d'excellente qualité; ceux qui vivent parmi les coraux, dont la ceinture entoure l'île, sont quelquefois malsains et peuvent occasionner de véritables empoisonnements, principalement lorsque le corail est en fleur. Les plus connus et les plus estimés sont la loche, la bonite, le rouget, le bossu, le maquereau, le picot, la dorade, l'éguillette, le tazar, le mulet, etc. Plusieurs variétés de crabes, dont une de forte taille très recherchée des indigènes, habitent les marais salés couverts de palétuviers. Dans les cavités des coraux extérieurs, ou grands récifs, vivent plusieurs sortes de langoustes.

Les requins qui trouvent une nourriture abondante sur les côtes sont en grand nombre; ils remontent les rivières jusqu'à une distance assez grande dans les terres. Chaque année, des baigneurs imprudents sont victimes de la voracité de ces animaux; aussi le Gouverneur, pour éviter ces accidents, se propose-t-il de faire construire, à Nouméa, un établissement de bain palissadé de façon à mettre les baigneurs à l'abri de tout danger.

Plusieurs variétés de tortues, dont une fournit une écaille de grande valeur, des souffleurs, des vaches marines ou dugons, se voient fréquemment près de terre.

Une foule de coquillages sont répandus sur les bancs qui découvrent à marée basse. L'huître perlière et le cône qui fournissent une bonne nacre ne sont pas rares en divers endroits, et une éponge fine se pêche près de terre aux environs de Gatope (côte Ouest). Les coquillages nacrés se vendent de 150 à 500 francs la tonne.

Trois espèces d'holothuries ou biches de mer, avec lesquelles les Chinois préparent un de leurs mets favoris, font l'objet d'un certain commerce. La tonne, après une préparation des plus simples, vaut de 450 à 2,500 francs, suivant l'espèce.

Des essais de salaison de poisson ont pleinement réussi. Tout porte à croire que cette industrie nouvelle s'ajoutera prochainement à celles qui existent déjà dans la colonie.

Navigation

Les récifs qui entourent la Nouvelle-Calédonie à une certaine distance de la terre favorisent particulièrement la navigation des bateaux à voiles ou à vapeur d'un faible tonnage. Ils peuvent, d'un bout de l'année à l'autre, se rendre sur presque tous les points de la côte, en se tenant le plus souvent en dedans des brisants, et n'ont pas à craindre la grosse mer du large.

Les anciens marins qui ont une bonne conduite trouvent sans peine à s'employer comme patrons de petits côtres, avec une solde de 200 à 400 francs par mois, suivant le tonnage du navire. Les capitaines au grand cabotage et au long cours qui ont quelque valeur ne manquent pas, non plus, d'emplois rémunérateurs.

Les bateaux à vapeur qui, ainsi qu'il a été dit à l'article *Voies de communication*, font tous les quinze jours un service régulier sur la côte Est et sur la côte Ouest, prennent en même temps des passagers qui vont d'un point de la colonie à un autre, des marchandises et des produits. Le fret, par suite d'une concurrence insuffisante, est actuellement assez élevé, mais on construit à Nouméa de nouveaux bateaux à vapeur, et d'autres doivent venir prochainement de France pour le service de la colonie, de sorte que ce prix ne peut manquer de diminuer bientôt. Le tableau ci-après indique le prix des passages et celui du fret par tonne pour les différentes localités de l'île où touchent les bateaux.

| LOCALITÉS | PRIX DU PASSAGE | | | FRET PAR TONNE | | DURÉE DU TRAJET par bateau à vapeur |
	1re classe — Européens	2e classe — Européens	3e classe — Indigènes	Bateaux à vapeur	Bateaux à voiles	
Côte Ouest						
De Nouméa :						
à Bouloupari. ...	15f 00	10f 00	5f 00	15f 00		1/2 jour
à Ourail.	30 00	20 00	10 00	25 00		1 jour
à Bourail.......	45 00	30 00	15 00	30 00		1 jour 1/2
à Mouéo........	60 00	40 00	20 00	33 00		2 jours
à Koné.	75 00	50 00	25 00	35 00	60 00	2 jours 1/2
à Gomen........	95 00	60 00	30 00	40 00		3 jours
Côte Est						
De Nouméa :						
à la baie du Sud.	15 00	10 00	5 00	15 00		1/2 jour
à Thio..........	60 00	40 00	20 00	20 00		1 jour 1/2
à Canala........	60 00	40 00	20 00	22 00		1 jour 1/2
à Houaïlou......	90 00	60 00	30 00	28 00		2 jours
à Pounérihouen..	95 00	65 00	32 50	30 00		2 jours 1/2
à Touho.........	100 00	70 00	35 00	35 00		3 jours
à Hyenghène. ...	105 00	75 00	37 50	37 00		3 jours 1/2
à Oubatche......	110 00	80 00	40 00	40 00		4 jours
à Pam..........	125 00	85 00	42 50	45 00		4 jours

La colonie est reliée avec la France par un service bi-mensuel de grands bateaux à vapeur de 5,000 à 6,000 tonnes, qui font le trajet de Nouméa à Marseille en quarante-trois ou quarante-quatre jours, en passant par Sydney, Melbourne, Adélaïde, Réunion, Maurice, Mahé, Aden, Suez et Port-Saïd. Le prix de la tonne à bord de ces paquebots est de 100 francs entre les deux points extrêmes, et le passage coûte :

Pour la 1re classe...................... 1,875 fr.
Pour la 2e   —...................... 1,500
Pour la 3e   —...................... 655
Pont...................... 470

Trois fois par an, la colonie reçoit des transports de l'État qui amènent, avec les transportés, des troupes et des immigrants dont le passage est gratuit. Ces bâtiments mettent en général quatre mois pour faire la traversée.

Certaines maisons de commerce francaises frètent pour leur compte des voiliers de 500 à 600 tonnes qui apportent en Nouvelle-Calédonie des marchandises de toute espèce. La maison Ballande, de Bordeaux, vient de créer une ligne de bateaux passant par le cap de Bonne-Espérance, laquelle sera desservie annuellement par deux bateaux à vapeur et quatre voiliers. Cette nouvelle ligne, dont la marche se trouvera sensiblement accélérée par le percement de l'isthme de Panama, reliera d'une façon plus régulière la Nouvelle-Calédonie à Tahiti.

Nouméa est encore un point où font escale, tous les quinze jours, les navires à vapeur d'une ligne anglaise qui met en communication les Fidji avec l'Australie. Enfin, la Nouvelle-Calédonie est le chef-lieu d'une Division navale commandée par le Gouverneur.

Commerce

Le commerce a procuré jusqu'à ce jour la fortune à tous ceux qui s'y sont adonnés d'une manière sérieuse et intelligente. La présence dans la colonie de 9 à 10,000 transportés en cours de peine ou libérés et, par suite, d'une quantité relativement considérable de troupe pour assurer la sécurité, crée des besoins qui intéressent directement le commerce. Il y a peu de temps encore, la colonie produisait fort peu, et tout ce qui s'y consommait venait de l'extérieur par l'intermédiaire de fournisseurs ; de là de gros bénéfices et des fortunes réalisés par des gens qui, pour la plupart, s'étaient livrés au négoce sans connaissances spéciales.

Aujourd'hui, les choses ont un peu changé. Certains articles de consommation se produisent dans la colonie, et au lieu de quelques rares magasins, il y en a partout, aussi bien dans l'intérieur qu'à Nouméa. Les prix, par suite de la concurrence, ont baissé, et il faut présentement ici, comme ailleurs, du travail, de l'ordre, et un certain capital pour faire venir les marchandises directement du lieu de production, si l'on veut arriver à faire des affaires fructueuses.

Les magasins de commerce du chef-lieu et une grande partie de ceux de l'intérieur tiennent les choses qui répondent aux besoins de l'existence. On trouve partout des vivres et des vêtements à un prix raisonnable, les outils et les instruments indispensables au travailleur. Il est vrai de dire que ces derniers articles sont vendus relativement plus cher que le reste.

Le tableau ci-après donnera une idée des prix de la colonie pour les choses les plus usuelles, et permettra d'en établir la comparaison avec ceux de la métropole.

DÉSIGNATION des OBJETS	ESPÈCE des UNITÉS	PRIX à NOUMÉA	PRIX dans L'INTÉRIEUR
Vivres			
Farine. { 1re qualité.	Sac de 90 kilog .	40^f 00	52^f 00
Farine. { 2e qualité..	Id...........	38 00	50 00
Pain.............	Kilog.	0 50	0 60
Vin.............	Barrique de 220 l.	165 00	180 00
Id.............	Litre	0 90	1 25
Viande . { bœuf....	Kilog.........	1 30	1 50
Viande . { mouton..	Id...........	2 50	»
Viande . { porc.....	Id...........	1 50	1 25
Poisson salé.......	Id...........	0^f 50 à 0^f 90	»
Pommes de terre...	Kilog.	0^f 20	0 35
Huile.............	Litre...........	3 50	4 50
Vinaigre..........	Bouteille......	1 25	1 50
Graisse..........	Kilog.	2 35	3 00
Rhum............	Litre..........	1 25	2 00
Effets d'habillement			
Chemise de travail..	Pièce.........	2^f 50 à 6^f 00	4^f 00 à 10^f 00
Pantalon..........	Id...........	4 00 6 00	6 00 8 00
Paletot..........	Id...........	5 00 8 00	7 00 10 00
Souliers..........	Paire.........	8 00 10 00	10 00 à 12 00
Chapeau en feutre..	Pièce.........	8 00 12 00	10 00 15 00
Chaussettes.......	Paire.........	1 50 2 50	2 00 3 00
Outillage divers			
Hache............	Pièce.........	10^f 00	12^f 00
Hachette..........	Id...........	4^f 00 à 5^f 00	6 00
Scie passe-partout..	Id...........	12^f 00	15 00
Scie à main.......	Id...........	5 00	6 00
Cran de scieur de long..........	Id...........	24 00	30 00
Bèche..........	Id...........	4 50	5 00
Rateau..........	Id...........	3^f 00 à 5^f 00	4^f 00 à 6^f 00
Houe..........	Id...........	2^f 50	3^f 50
Pioche..........	Id...........	5 00	5 00
Pelle..........	Id...........	5 00	5 00
Charrue..........	Id...........	75 00	60 00
Herse,..........	Id...........	30 00	20 00

DÉSIGNATION des OBJETS	ESPÈCE des UNITÉS	PRIX à NOUMÉA	PRIX dans L'INTÉRIEUR
Voiture à bœufs....	Pièce..........	600f 00	500f 00
Brouette..........	Id............	40 00	30 00
Marteau ordinaire .	Id............	3f 00 à 3f 50	4 00
Tenaille..........	Id............	2 00 2 75	6 00
Vilebrequin........	Id............	5 00 6 00	6 00
Tarière.	Id............	3f 00	4 00
Rabot..........	Id............	4 00	5 00
Clous (ptes de Paris).	Kilog..........	0 60	1 25
Arrosoir..........	Pièce.	6f 00 à 8f 00	10 00
Seau..........	Id............	3 00 4 00	5 00
Herminette........	Id............	6 00 9 00	12 00
Fourche..........	Id............	5 00 6 00	6 00

Objets d'intérieur

DÉSIGNATION des OBJETS	ESPÈCE des UNITÉS	PRIX à NOUMÉA	PRIX dans L'INTÉRIEUR
Assiettes en porcelaine.	Douzaine......	10f 00	12 00
Assiette en faïence..	Id............	4 00	6 00
Verres ordinaires...	Id............	12 00	15 00
Soupière en faïence.	Pièce..........	5 00	7 00
Savon fabriqué dans la colonie.......	Caisse de 50 bar^{res}	25f 00 à 27f 00	30f 00 à 35f 00
Pétrole pour éclairage.	Touque de 18 lit.	9f 00	14f 00

Salaire des manœuvres ou journaliers....

DÉSIGNATION des OBJETS	ESPÈCE des UNITÉS	PRIX à NOUMÉA	PRIX dans L'INTÉRIEUR
Salaire des manœuvres ou journaliers....	A la journée, sans nourriture....	7f 00 à 8f 00	4 00

Salaires des ouvriers d'art

DÉSIGNATION des OBJETS	ESPÈCE des UNITÉS	PRIX à NOUMÉA	PRIX dans L'INTÉRIEUR
Cordonnier........	Id............	8 00 10 00	6 00
Sellier..........	Id............	12 00 15 00	6 00
Mécanicien........	Id............	12 00 16 00	6 00
Forgeron..........	Id............	12 00 16 00	6 00
Charpentier.	Id............	12 00 15 00	6 00
Menuisier..........	Id............	12 00 15 00	6 00
Charron..........	Id............	12 00 16 00	6 00
Ferblantier....,...	Id............	12 00 16 00	6 00
Maçon.	Id............	10 00 12 00	6 00
Boulanger..........	Id............	5 00 10 00	6 00

Les importations et les exportations ont atteint les chiffres suivants pendant les années 1881, 1882, 1883 :

IMPORTATIONS		EXPORTATIONS	
1881......	7,114,090 fr.	1881........	1,534,059 fr.
1882......	8,713,218	1882.......	4,285,175
1883......	10,085,601	1883	6,487,394

La prospérité qu'indique ces données est due en majeure partie au développement de l'industrie minière qui figure dans le chiffre des exportations pour une somme importante.

La colonie fut visitée, en 1882, par 233 navires de commerce d'une jauge totale de 60,397 tonneaux. En 1883, le nombre des navires a été de 256 et le tonnage, de 111,240 tonneaux, par suite de l'établissement de la ligne des *Messageries maritimes* de Marseille à Nouméa.

Les objets de toute provenance sont, à leur entrée dans la colonie, frappés d'un droit d'octroi de mer de 1 0/0 *ad valorem*. A partir du 1er janvier 1884, ce droit est de 2 0/0.

Le tableau A (voir la fin de l'ouvrage), donne le taux des licences ou patentes diverses pour toutes les localités de la colonie, ainsi que les différents droits de consommation qui sont perçus sur les liquides introduits à Nouméa. Ceux de fabrication intérieure sont l'objet d'une prime qui compense les droits perçus.

Industrie

Industrie. — L'industrie dans la colonie est, pour ainsi dire, à sa naissance. Les bons ouvriers spéciaux sont rares, et leur exigence, sous le rapport des salaires, a été telle jusqu'à ce jour, que l'on a mieux aimé généralement acheter les choses toutes faites que de s'adresser à eux. On constate cependant une certaine amélioration depuis quelque temps, par suite du développement que prend peu à peu la colonie, et qui amène une concurrence avantageuse à tous égards. Nouméa possède en ce moment, comme on peut le vérifier par le tableau B qui fait suite au tableau A, bien des industries qui naguère n'étaient pas en usage.

Une Société se forme actuellement au capital de 150,000 fr., dans le but de fabriquer des conserves de viande de bœuf, et de monter une tannerie. Cet établissement permettra de faire disparaître le trop plein du bétail qui existe aujourd'hui, et de maintenir les troupeaux en rapport avec les besoins de la population. Les peaux, au lieu d'être envoyées en Australie et d'être retournées après avoir été transformées en cuir, ainsi que cela s'est pratiqué par le passé, subiront cette préparation dans le pays même. Beaucoup d'industries, de première utilité comme celle-ci, sont encore à faire leur apparition, non par défaut de matières premières, mais par l'absence d'industriels et de capitaux. Le Gouverneur, afin de tirer parti des richesses forestières de la colonie, en créant une nouvelle industrie locale, vient de prescrire aux divers Services publics, qui emploient une somme annuelle de 300 à 400,000 fr. à l'achat de bois, de passer des contrats de longue durée pour cette fourniture avec des industriels du pays, qui voudraient se livrer à cette exploitation. Le Conseil de la colonie a prévu dans le budget de 1884 une somme de 30,000 fr., pour faire venir de la métropole un inspecteur des eaux et forêts, qui serait chargé de faire une étude générale, tant du régime des eaux que de l'exploitation régulière des forêts dans la Nouvelle-Calédonie.

Administration

La Nouvelle-Calédonie, dont le chef-lieu est Nouméa, est administrée par un Gouverneur, commandant de la Division navale, lequel est assisté d'un Conseil privé, composé des Chefs d'Administration et de quelques habitants de Nouméa ou de l'intérieur, choisis parmi les plus notables.

Sous les ordres immédiats du Chef de la colonie fonctionnent deux grandes Administrations, celle de l'Intérieur et celle Pénitentiaire, qui ont chacune à leur tête un Directeur. A côté de celles-ci se trouvent le Service judiciaire et celui de la marine dirigés, le premier par un Procureur de la République, le second par un Commissaire de la marine.

Les troupes, composées d'infanterie et d'artillerie de marine, sont placées sous les ordres d'un colonel d'infanterie de marine, qui remplit les fonctions de Commandant militaire. La portion régimentaire d'infanterie a à sa tête un lieutenant-colonel, et celle d'artillerie un chef d'escadron.

La gendarmerie est commandée par un chef d'escadron.

Administration de l'Intérieur

L'Administration de l'Intérieur, ou Direction de l'Intérieur, s'occupe de toutes les questions qui intéressent la colonisation libre et les indigènes. C'est elle qui distribue les terres aux immigrants, et qui leur fait des avances gratuites en vivres, en graines et en outils.

Afin de faciliter son action dans l'intérieur, la colonie a été divisée en cinq arrondissements, qui sont administrés par des chefs d'arrondissement relevant du Directeur de l'Intérieur. Le premier, chef-lieu Nouméa, comprend le sud de l'île ; le deuxième, qui a pour chef-lieu Canala, est le plus avancé au point de vue de la colonisation ; le troisième a pour chef-lieu Houaïlou ; le quatrième, Touho ; et le cinquième, à l'extrémité nord de l'île, Ouégoa.

Dans chacun de ces arrondissements, il y a des géomètres du Gouvernement qui lèvent le plan de toutes les concessions agricoles, minières et autres, qui font le bornage de tous les terrains aliénés ou concédés gratuitement, en un mot, toutes les opérations cadastrales ; des garde-mines sont chargés de la surveillance des exploitations minières, et des juges de paix tiennent périodiquement leurs séances dans toutes les localités de quelque importance. Le Service des Ponts et Chaussées, comme en France, fait des études de routes et dirige les travaux de construction, qui sont exécutés par l'Administration pénitentiaire dont le rôle est, dans la circonstance, celui d'un entrepreneur.

Chaque centre a une Commission municipale, composée d'un président et de deux membres nommés à l'élection, laquelle a, chaque année, à sa disposition un petit budget pour faire exécuter les travaux d'utilité publique. Ces Commissions au nombre de neuf sont établies dans les localités suivantes : La Dumbéa, Païta, Saint-Vincent, Bouloupari, La Foa, Moindou, Ouégoa, Houaïlou et Canala. Nouméa possède un Conseil municipal élu par les habitants de la ville.

Des brigades de gendarmerie, des agents de police et des gardes champêtres sont installés à Nouméa et dans les diverses localités de l'intérieur, pour veiller à la sécurité publique. Des postes militaires fortifiés sont échelonnés sur la côte Est et sur la côte Ouest, pour la protection des habitants.

Des écoles mixtes pour garçons et filles sont établies dans les villages d'une certaine importance. A Nouméa, on compte trois écoles de filles, trois écoles de garçons, un collège, et tout près de la ville, à la Conception, un pensionnat de jeunes filles qui est très bien tenu.

Le Service de santé, dirigé par un médecin en chef de la marine, est assuré à Nouméa et dans l'intérieur par des médecins de la marine de tous grades qui donnent leurs soins, aussi bien aux colons qu'au personnel administratif. Nouméa a deux pharmacies civiles. Des médicaments, dans l'intérieur de la colonie, sont fournis à titre de cession remboursable, sur prescription du médecin, par les pharmacies que l'Administration entretient dans les différents postes. L'hôpital militaire de Nouméa reçoit les colons malades qui désirent s'y faire soigner ; les nécessiteux y sont admis gratuitement. Il est question de construire un hôpital civil.

Aliénation des terres dépendant du Domaine et avantages faits aux immigrants

Les terres du Domaine de la colonie peuvent être aliénées :

1° Aux enchères publiques ;
2° Par vente de gré à gré ;
3° Par concession à titre gratuit ou à titre onéreux.

Préalablement à toute aliénation, il est procédé par un géomètre de l'Administration au levé et à la délimitation des terrains à aliéner. Les demandeurs ou leurs représentants doivent toujours assister à cette opération.

Les frais de délimitation, fixés à 1 fr. par hectare, ceux de timbre et d'enregistrement de l'acte de concession, qui se montent à environ 30 fr. par acte, restent à la charge du concessionnaire ou de l'acquéreur.

Toutes les terres aliénées sont soumises à un impôt annuel de 0 fr. 24 c. par hectare.

Concessions à titre onéreux. — Le prix des terres du Domaine est de 24 fr. par hectare. Ce prix est payable en douze ans et aux conditions suivantes :

Il est versé 0 fr. 50 par hectare et par an pendant les trois premières années;

1 fr. 00 par hectare et par an pendant la 4e, la 5e et la 6e année;

2 fr. 50 par hectare et par an pendant la 7e, la 8e et la 9e année;

4 fr. 00 par hectare et par an pendant les trois dernières années.

Ces versements doivent être faits par semestre et d'avance. Le prix total peut être payé en une seule fois.

Les demandes de concession doivent être faites sur papier timbré et adressées au Directeur de l'Intérieur. La date de réception, constatée sur un registre spécial, règle le droit de priorité entre les demandeurs.

Il est délivré au concessionnaire une expédition de l'acte de concession accompagnée du plan de son terrain; cet acte confère la propriété immédiate du terrain concédé, à la charge de l'accomplissement des conditions prescrites plus haut.

Concessions gratuites. — Les biens dépendant du Domaine peuvent être concédés gratuitement, ou sous certaines conditions à imposer au concessionnaire. Ces concessions sont faites :

1° Aux immigrants;

2° Aux officiers et fonctionnaires, aux sous-officiers et agents assimilés, aux militaires et marins congédiés ou retraités dans la colonie;

3° Aux enfants nés dans la colonie.

L'arrêté du 27 mai 1884, reproduit ci-dessous, règle les conditions dans lesquelles sont faites les concessions gratuites.

« Art. 1ᵉʳ. Les immigrants qui viendront en Nouvelle-
« Calédonie pour se livrer au travail de la terre et par
« suite être mis en concession, seront l'objet des avan-
« tages énumérés ci-après :

« 1° Passage gratuit de Nouméa au lieu de la conces-
« sion ;

« 2° Délivrance de vivres à titre gratuit ;

« 3° Concession de terre à titre gratuit ;

« 4° Délivrance d'outils et de graines.

« Art. 2. Le passage gratuit est dû à l'immigrant et
« à sa famille. Le transport des bagages et du matériel
« agricole que chaque immigrant peut posséder est
« également gratuit.

« Art. 3. La ration entière de vivres est délivrée à
« l'immigrant et à sa femme, s'il est marié. Il est dé-
« livré une demi-ration aux enfants jusqu'à l'âge de
« quatorze ans ; à partir de cet âge, la ration entière
« est accordée.

« Cette délivrance a lieu pendant six mois, à compter
« du jour de l'arrivée sur le lieu de concession.

« Art. 4. Une concession gratuite est accordée à tout
« immigrant. Cette concession se compose d'un lot de
« village, d'un lot de culture et d'un lot de pâturage.

« Le lot de village mesure 10 ares.

« La concession rurale mesure une superficie totale
« de 24 hectares, dont 4 hectares de terres à culture
« et 20 hectares de terres à pâturage.

« Art. 5. Chaque enfant né dans la colonie d'immi-
« grants concessionnaires, a droit à une superficie de
« 2 hectares de bonnes terres.

« Art. 6. Il est délivré à chaque immigrant pour une
« somme de 150 fr. d'outils, grains, semences, et d'ani-
« maux.

« Certains instruments aratoires, tels que charrues,
« herses, etc., etc., sont donnés par groupe de plu-
« sieurs immigrants.

« Art. 7. Les immigrants qui voudront jouir de ces
« avantages, auront à satisfaire aux obligations ci-
« après :

« 1° La concession est provisoire pendant quatre an-
« nées pour les immigrants mariés, six années pour

« les célibataires, à l'expiration desquelles elle devient
« définitive. Pendant cette période, la concession ne
« peut être vendue ;

« 2° Pendant ces quatre et six années, résidence obli-
« gatoire et culture de la terre par le concessionnaire ;

« 3° Obligation de clôturer la propriété par des haies
« vives ;

« 4° Mise en rapport de la moitié au moins de la
« concession pour les immigrants mariés et des trois
« quarts pour les célibataires ;

« 5° Construction d'une maison habitable, soit sur
« le lot de ville, soit sur la concession.

« Faute de remplir ces obligations, le concession-
« naire peut être déchu de ses droits, et la concession
« fait alors retour au domaine.

« Art. 8. En cas de décès du concessionnaire marié,
« avant l'expiration des quatre ans de résidence, la
« concession revient à la femme et aux enfants, s'ils
« résident dans la colonie, à la condition qu'ils se con-
« forment aux obligations imposées. Ils deviennent
« alors propriétaires définitifs quatre ans après l'instal-
« lation du concessionnaire décédé.

« Art. 9. Les mêmes avantages seront accordés aux
« militaires et marins, qui voudront prendre leur congé
« dans la colonie. Ils recevront, en outre, une prime de
« 250 fr. représentant le prix du voyage de France en
« Nouvelle-Calédonie.

« Les mêmes obligations que ci-dessus sont imposées
« aux militaires et marins.

« Art. 10. Les immigrants possédant un métier, qui
« voudront s'établir dans les centres de l'intérieur,
« pour l'y exercer, auront droit à un lot de village de
« 20 ares.

« Ce lot deviendra leur propriété au bout de cinq
« ans, ou dès qu'une construction habitable aura été
« élevée sur le terrain provisoirement concédé.

« Dans le cas d'abandon, et dans le cas de change-
« ment de domicile avant la délivrance du titre de
« propriété, ce lot fera retour au domaine. »

Il faut ajouter à ces avantages celui de la construction
sur le lot de village, par les soins de l'Administration,
d'une case pour abriter l'immigrant dès son arrivée.

Dans tous les terrains vendus ou concédés à titre, soit gratuit, soit onéreux, il est fait réserve par l'État, des mines, sources et cours d'eau déclarés d'utilité publique.

Certaines de ces conditions qui pourraient, au premier abord, paraître dures aux yeux de quelques-uns, sont plus larges et plus libérales que celles imposées par les plus grands colonisateurs, les Américains et les Australiens.

Administration pénitentiaire

L'Administration pénitentiaire, qui a un personnel complètement distinct, s'occupe des transportés et de la colonisation pénale. Les réserves en terres, qui constituent son Domaine, sont établies sur différents points de la colonie; elle crée des centres agricoles, où elle met en concession les transportés méritants et que dirigent des commandants de pénitencier et des agents de culture. Bourail - Nessadiou, centre pénitentiaire prospère, a 425 concessionnaires de cette catégorie; La Foa, centre mixte, en a près de 150 qui donnent d'excellents résultats; Pouembout, créé depuis un an à peine vient d'être complété à 185; enfin Ouégoa situé à l'extrémité nord de l'île en compte 44.

Cette Administration emploie, sous la garde de ses surveillants militaires, les condamnés de toute classe à la construction des routes et aux autres travaux publics ; elle met les transportés les mieux notés à la disposition des colons, lesquels les emploient dans leurs travaux. Cette main-d'œuvre revient de 45 à 50 francs par mois et par homme.

Comme il a été dit plus haut, à l'article : *Voies de communication*, malgré la présence d'un nombre considérable de criminels dans la colonie, il y règne une sécurité qui est à peine croyable, de prime abord. Sans doute, il ne faut pas laisser ses portes ouvertes la nuit, ni sa maison seule pendant le jour, surtout si elle est isolée ou à proximité d'un camp de transportés; mais les vols sont relativement rares, et les attaques à main armée le sont encore davantage. Depuis onze ans, j'ai circulé de jour et de nuit dans toutes les parties de l'île, j'ai rencontré et arrêté des condamnés évadés dans la brousse, sans que jamais j'aie eu à employer d'autres précautions que celles ordinaires. Il suffit ici d'être armé et de s'habituer à ne rien laisser à l'abandon, pour n'être pas inquiété, soit par des voleurs, soit par d'autres malfaiteurs. Les colons isolés sont quelquefois victimes de vols de volailles, de porcs, de légumes, mais cela, je le répète, est relativement peu fréquent, et il n'y a pas lieu de s'en préoccuper outre mesure.

Indigènes

Les indigènes, ou *Canaques*, de la Nouvelle-Calédonie ne sont pas tous de la même couleur. Certains sont cuivrés, d'autres sont marron-foncé, d'autres sont noirs. Ils ont de grosses lèvres, une large bouche, un nez épaté et tous des cheveux crépus. Quelques-uns ont, cependant, le nez européen et la bouche moyenne, ce sont les plus intelligents ; ceux de la couleur cuivrée sont aussi supérieurs aux autres sous ce rapport. Ils sont, en général, bien faits, d'une belle taille, souples, vigoureux et d'une agilité extraordinaire ; ils ne portent aucun vêtement, sauf quelques centimètres carrés d'étoffe pour cacher, à peu près, la moitié de leur nudité. Les femmes n'ont, pour se couvrir, qu'une espèce de pagne d'une quinzaine de centimétres de largeur, qui leur fait le tour des reins. Le plus ordinairement laides, elles vieillissent très vite ; à 25 ans, elles n'ont plus aucune fraîcheur.

Les Canaques sont excessivement défiants ; jamais ils ne font connaître le fond de leur pensée, surtout lorsqu'ils ont peur ou que leur intérêt est en jeu ; ils savent aussi ruser et mentir avec impudence. Chez eux une injure ou une injustice ne s'oublie pas, et ils ne se lassent pas d'attendre une occasion favorable pour se venger. Sous un air câlin et enfantin, ils cachent des instincts féroces et sanguinaires. Très intelligents, ils pourraient se civiliser rapidement, mais ils n'apprécient pas les bienfaits de la civilisation ; ils méprisent, au contraire, les Européens qui, en général, n'ont ni leur force ni leur agilité, et qui ne peuvent, comme eux, fournir de longues courses, gravir vivement les pentes les plus escarpées, sauter d'un rocher à l'autre, fendre l'onde, grimper sur les cocotiers, etc.

Le souci du lendemain n'existe pas pour eux : ils ont peu de besoins qu'il leur est facile de satisfaire avec le moindre travail. Leur vie n'est qu'une suite de caprices qui les rendent incapables d'une occupation ayant quelque durée.

La bonté n'est souvent à leurs yeux que de la crainte ou de la faiblesse, et si l'on veut en être considéré et respecté, il faut être juste à leur égard jusqu'au scrupule, et ne jamais les tromper, même dans les choses les plus insignifiantes. Lorsqu'ils ont commis une faute, on doit les punir sévèrement : c'est le seul moyen d'avoir sur eux de l'autorité et de l'influence.

Les Canaques sont encore anthropophages. Dans leurs guerres, ainsi qu'on en a vu des exemples pendant l'insurrection de 1878-1879, ils mangent leurs ennemis, après les avoir fait rôtir; et il est à remarquer qu'en général, ils ont horreur des viandes crues. Cette coutume sauvage tend à disparaître au contact des Européens.

La civilisation ne pénétrera chez les indigènes que par les enfants. Il faut renoncer à toute idée de policer les Canaques actuellement adultes. L'école seule transformera les mœurs primitives et barbares de ce peuple, et fera disparaître des superstitions qui le rendent esclave de ses coutumes et des ruses grossières de quelques sorciers. Telle est l'idée qui a présidé à la récente décision prise par le Gouverneur, relativement à la création d'écoles dans les tribus. L'établissement de la propriété individuelle ferait aussi faire un grand pas à cette race, si bien douée par la nature.

Certaines tribus sont aujourd'hui catholiques, et les missionnaires maristes, qui sont établis dans l'île depuis 1843, ont à Bondé, à Pouébo et à Saint-Louis, des écoles qui reçoivent des centaines d'indigènes. Des sœurs de la même congrégation tiennent des écoles de filles dans ces localités.

A Wagap, une école de garçons est dirigée par les trappistes.

Sur plusieurs points où sont établis un peu ancienne-
ment des Européens, les indigènes travaillent volontiers, pendant un certain temps, chez les colons qui les
payent et les traitent bien. A Canala, il n'est pas rare
d'en voir des centaines faire la cueillette du café pour
les habitants de la localité. A Houaïlou et plus vers le
Nord, il en est qui défrichent les terres, arrachent les
mauvaises herbes dans les pâturages et s'emploient
dans les mines.

Les femmes ou popinées vivent volontiers avec les
étrangers d'une autre couleur et leur sont très dévouées.
Les enfants qui naissent de ces unions ont toutes les
qualités physiques et, de plus, sont intelligents. Il est à
regretter que ce croisement soit plus restreint qu'il ne
faudrait pour le bien de la colonie, à cause du manque
de bonne foi de certains Européens qui, après avoir
vécu pendant des années avec des femmes indigènes,
les abandonnent, elles et les enfants qu'ils en ont eus.
De là une grande méfiance de la part des Canaques, qui
s'opposent de plus en plus à ce que les popinées quittent
la tribu pour habiter avec les blancs. L'Administration
de la colonie fait bien rechercher dans les tribus les
enfants métis abandonnés, pour les placer dans un
orphelinat créé à Yahoué, près Nouméa, mais le fait de
délaisser une popinée sans motif est si grave pour l'indigène, qu'il ne saurait le pardonner.

Les indigènes des deux sexes des Nouvelles-Hébrides
qu'on emploie comme domestiques dans les maisons,
aux cultures, à la garde des troupeaux, dans les mines,
etc., sont physiquement et intellectuellement bien infé-
rieurs à ceux de la Nouvelle-Calédonie. Il serait à désirer
qu'on parvînt un jour à transformer en hommes utiles
cette race nombreuse et intéressante qui vit présentement en sécurité à l'ombre de notre drapeau, sans autre
profit pour la colonisation, que d'être un gage de sécurité contre l'élément pénal.

Population

L'état numérique de la population actuelle de la Nouvelle-Calédonie est résumé dans le tableau qui suit :

Population civile et militaire.............. 6,100
Transportés en cours de peine, libérés et familles.................................... 9,850
Engagés néo-hébridais, africains et asiatiques.................................... 2,600
Indigènes................................ 23,123

TOTAL............... 41,673

Dans ce chiffre ne sont pas compris les 17,630 indigènes des îles (Loyalty, île des Pins, etc.), dépendant de la Nouvelle-Calédonie.

Aperçu général

La Nouvelle-Calédonie, au point de vue de la colonisation, peut être considérée comme un pays presque entièrement neuf, où un vaste champ reste ouvert à l'immigrant courageux et travailleur. Dans ce pays dont le climat rappelle celui de Nice, s'il ne lui est supérieur, tout est à faire. Les grandes forêts de l'intérieur qui renferment des millions de mètres cubes de bois de valeur sont encore vierges de la hache ; les terres à culture sont presque toutes en friche ; l'industrie proprement dite ne fait qu'apparaître ; le commerce seul est développé autant que le permet l'état de la colonie.

Une grande partie des choses qu'elle consomme lui viennent du dehors, faute de producteurs. Presque tous les bois qu'elle emploie sont tirés de la Californie et de l'Australie qui détournent ainsi, chaque année, une somme de 500,000 francs, laquelle devrait rester dans le pays. Le beurre, le fromage, la graisse, les viandes salées ou fumées, dont l'importation s'élève à plusieurs centaines de mille francs, sont autant de produits qui pourraient être fournis par les colons de l'intérieur. Le sucre, les confitures, les alcools, les tabacs, le sel, le savon, le cuir, etc., qui représentent une importation annuelle de plus d'un demi-million, pourront être plus tard, lorsque la population sera plus nombreuse, autant d'articles d'exportation.

Nul ne peut dire ici qu'il a souffert de la faim, même le plus paresseux. Il suffit d'être un travailleur ordinaire et d'avoir une conduite régulière pour arriver à vivre aisément.

L'immigrant sans ressources pécuniaires, qui vient en Nouvelle-Calédonie avec sa famille pour cultiver la terre, s'il veut réussir, ne doit pas arriver avec des idées de retour au bout de quelques années, après fortune faite. Il faut d'abord qu'il soit sobre, qu'il travaille assidûment, et qu'il ne se décourage pas au moindre revers. Les trois ou quatre premières années sont quelquefois dures pour le colon qui débute, mais une fois cette période passée, s'il a été tenace, il se trouve généralement récompensé de ses efforts. Libre, indépendant, il peut alors, au moyen des ressources qu'il s'est créées, se faire aider dans ses travaux et arriver rapidement ainsi au bien-être.

Les enfants se portent ici admirablement, et ne demandent aucun des soins qu'on est obligé de leur donner en Europe pour les préserver du froid, de l'humidité, etc. Les maladies particulières à l'enfance sont inconnues sous ce ciel privilégié. Les grandes personnes, même celles qui font des excès, sont rarement malades, et la mortalité est bien inférieure à celle constatée sur beaucoup d'autres points du globe.

La présente notice n'a pas la prétention d'entrer dans des détails techniques que l'on peut trouver dans des ouvrages spéciaux plus scientifiques. Elle s'adresse particulièrement à ceux qui veulent venir s'établir comme colons dans la Nouvelle-Calédonie, et elle a dû, en conséquence, s'en tenir à des renseignements exacts sur ce qui pouvait le plus les intéresser: tel est l'esprit dans lequel ce travail a été conçu.

TABLEAU A

DROITS DE PILOTAGE, DE PHARE, DE BALISAGE, ETC.

DROITS DE PILOTAGE

Ces droits sont perçus conformément à l'arrêté du 12 juin 1875, savoir :

Droit fixe. — 0 fr. 30 c. par décimètre de tirant d'eau arrière et par mille parcouru dans la partie comprise entre les récifs extérieurs (du Nogumatingi et la passe de Uitoé), la ligne joignant la pointe Sud de récif Tétembia à la pointe Ouest (Kauritio) du port de Uitoé, la côte de la grande île jusqu'à Ya et la ligne joignant Ya à la pointe Sud du récif Nogumatingi.

Droit fixe. — 0 fr. 15 c. par décimètre de tirant d'eau arrière et par mille parcouru dans la partie comprise entre la ligne joignant Nogumatingi à Ya, la côte de la Nouvelle-Calédonie, les récifs extérieurs depuis Goro jusqu'à Nokunhin et la droite joignant ce dernier récif à la pointe Sud de Nogumatingi.

Droit fixe. — 0 fr. 15 c. par décimètre de tirant d'eau arrière et par mille parcouru dans l'espace compris entre la ligne joignant l'extrêmité Sud du récif Tétembia et le cap Ka, et la ligne joignant la passe d'Ourail avec l'îlot Téremba.

Les bâtiments de la marine nationale et ceux des autres puissances ne payent que la moitié des droits de pilotage, à l'exception des indemnités de séjour à bord qui sont payées en entier.

Exceptionnellement et par réciprocité pour les privilèges accordés dans les ports de la Nouvelle-Galles du Sud aux navires de la marine française, les bâtiments de Sa Majesté Britannique sont exempts de tout droit.

Sont également exemptés les paquebots-poste de la ligne néo-calédonienne et ceux de la compagnie des Messageries maritimes.

Par arrêté du 29 mars 1881, les navires affectés à l'entreprise des *Transports maritimes* ont été affranchis de l'obligation de prendre un pilote.

L'arrêté du 20 juin 1882 affranchit également de ces droits les vapeurs venant de Cochinchine ou se rendant dans cette colonie.

Les navires de 150 tonneaux et au-dessous sont affranchis du droit de pilotage (vote du Conseil privé du 29 décembre 1883 et arrêté du 8 janvier 1884).

DROITS DE PHARE ET BALISAGE

Ces droits sont perçus conformément à l'arrêté du 30 décembre 1871. Ils n'existent que pour le chef-lieu.

Le droit est fixé à 0 fr. 40 c. par tonneau de jauge.

Sont exempts les navires de guerre français ou étrangers, les paquebots-poste et les navires nolisés par l'État. Les bâtiments de la compagnie des Messageries maritimes jouiront de la même immunité.

L'arrêté du 29 mars 1881 a également exempté de ces droits les navires affectés à l'entreprise des *Transports maritimes*.

Sont aussi exemptés de ces droits les vapeurs venant de Cochinchine ou se rendant dans cette colonie (arrêté du 20 juin 1882).

DROITS SANITAIRES

Ces droits sont perçus conformément à l'article 85 de l'arrêté du 19 juillet 1881 et fixés, savoir :

0 fr. 15 c par tonneau de jauge sur tous les navires sans distinction de nationalité.

Sont exempts de ces droits :

Les navires de guerre et ceux en relâche forcée qui reprendraient la mer sans avoir effectué aucun chargement ni déchargement de marchandises ;

Les paquebots faisant le service postal ;

Les bâtiments de la compagnie des Messageries maritimes ;

Les caboteurs de commune à commune et, en général, tout navire dispensé de se munir de patente ;

Les navires à vapeur venant de Cochinchine ou se rendant dans cette colonie arrêté du 20 juin 1882.

Les navires qui font escale sur la même rade plus d'une fois par mois pourront contracter des abonnements à raison de 50 francs par mois.

DROITS DE CONGÉS DE MER

(Cabotage autour de l'île).

Sont perçus conformément à l'article 12 de l'arrêté du 23 novembre 1880, approuvé par décret du 12 avril 1881, et fixés pour chaque année à :

10 fr.	pour les bâtiments au-dessus de 30 tonneaux ;
8 fr.	—	de 10 à 30 tonneaux ;
6 fr.	—	de 5 à 10 tonneaux ;
3 fr.	—	au-dessous de 5 tonneaux.

TAXE SPÉCIALE SUR LES TABACS

(Arrêtés des 7 juillet 1876 et 28 octobre 1879.)

Tabacs à fumer et à chiquer, manufacturés......	2 fr.	le kil.
Tabacs non manufacturés......................	1	—
Tabacs à priser...............................	6	
Cigares.......................................	4	—

DROITS D'EMMAGASINAGE

AU SERVICE DES CONTRIBUTIONS

3 francs par tonne	pour les dix premiers jours	
4 —	—	pour les dix jours suivants.
5 —	—	pour les dix autres jours.
Et 18 —	—	par mois après les trente premiers jours.

(Arrêté du 29 décembre 1881.)

DROITS DE CONSOMMATION

SUR LES LIQUIDES INTRODUITS DANS LA COLONIE ET SUR CEUX DE FABRICATION INTÉRIEURE

TABLEAU des taxes à percevoir sur les liquides introduits dans la colonie et sur ceux de fabrication intérieure.

DÉSIGNATION DES LIQUIDES	ESPÈCE DES UNITÉS	TAXES à PERCEVOIR
		FR.
Vin rouge......................	la barrique dite bordelaise	10
	pièce de 2	20
	la caisse de 12 litres ou bouteilles	1
Vin blanc.....................	la barrique	20
	la caisse de 12 litres ou bouteilles	2
Vin blanc doux.................	la caisse de 12 bouteilles ou litres	5
Vins du Rhin..................	la caisse de 12 bouteilles	5
Champagne et vins mousseux........	la caisse de 12 bouteilles	8
Vins de dessert { Madère, Malaga, Porto, Sherry, Muscat, Frontignan, Xérès, Ténériffe, etc............	l'hectolitre	100
	la caisse de 12 litres	12
	la caisse de 12 bouteilles	10
Vins d'Australie...............	la caisse de 12 bouteilles	3
Gin........	l'hectolitre	100
	la grande caisse de 18 litres en 15 flacons	18
	la caisse ordinaire de 15 litres en 15 flacons	15
	la petite caisse de 9 litres en 12 flacons	9
Alcool pur ou esprit de vin............	la caisse de 12 litres	10 50
	la caisse de 12 bouteilles	8
Alcool pur ou esprit de vin, cognacs, eaux-de-vie, rhums, tafias, wiskeys, kirschs........ } l'hectolitre	Taxés d'après leur force, en prenant pour base 1 centime par litre et par degré centésimal; c'est-à-dire que le litre payera autant de fois 1 centime que l'alcool aura de degrés.	
Alcoolat (absinthe exceptée)............	la caisse de 12 bouteilles ou litres	20
Alcoolat d'absinthe.................	la caisse de 12 bouteilles ou litres	48
Essences d'absinthe.................	la caisse de 12 bouteilles ou litres	96
Essences (l'absinthe exceptée)..........	la caisse de 12 bouteilles ou litres	40
Cognacs, eaux-de-vie, rhums, tafias, wiskeys, kirschs (1)	la caisse de 12 litres	6
	la caisse de 12 bouteilles	8
Liqueurs assorties, guignolet, cassis, bitter, anisette, curaçao, fruits à l'eau-de-vie, et 1/2 sirop.................	la caisse de 12 litres	8
	la caisse de 12 bouteilles	6
Absinthe.................. ...	l'hectolitre	200
	la caisse de 12 bouteilles	24
Vermouth, byrrh au vin de Malaga......	l'hectolitre	50
	la caisse de 12 bouteilles	6
Ale, porter, autres bières étrang. et cidre.	l'hectolitre	15
	la caisse de 12 bouteilles	3
Bières françaises....	l'hectolitre	10
	la caisse de 12 bouteilles	2

(1) Les cognacs, eaux-de-vie, rhums, tafias, wiskeys, kirschs, etc., en caisses de bouteilles ou de litres, et dont le degré centésimal dépasserait 60°, seront imposés d'après le prix fixé pour les mêmes produits en fûts.

NOTA. — Les alcools et autres boissons fabriqués dans la colonie sont soumis aux mêmes taxes que les alcools et autres boissons importés.

Quand il s'agit d'introductions en fûts ou en récipients non cotés au tarif, la contribution est due au litre.

LICENCES DIVERSES

LICENCES DE CAFÉS, CABARETS ET DÉBITS DE BOISSONS

Tableau fixant, pour l'année 1884, le taux de la licence à payer par les cafetiers, cabaretiers et débitants de boissons à consommer sur place, tant à Nouméa qu'en dehors du chef-lieu.

(Décision du Conseil privé en date du 8 janvier 1884.)

LOCALITÉS	TAUX de la LICENCE	OBSERVATIONS
Nouméa	1,100	
Presqu'île de Nouméa	800	Y compris le Pont-des-Français.
Dumbéa	300	
Païta	300	
La Foa	250	
Coëtempoé	250	
Saint-Vincent	250	
Tomô et Ouameni inférieure	150	
Bouloupari	250	
Ourail	300	
Moindou	300	
Bourail	600	
Gomen	200	
Koné	200	
Touho	500	
Canala	500	
Houaïlou	400	
Thio	500	
Pounérihouen	250	
Oubatche	250	(1) Les licences de débits de boissons dans les territoires pénitentiaires ne comportent pas la vente, au personnel soumis au régime pénitentiaire, de l'absinthe, du cognac, du gin et autres spiritueux.
Bouches-du-Diahot	250	
Le Caillou	250	
Ouégoa	250	
Bondé	200	
Hyenghène	250	
Iles Loyalty	250	(2) Des licences temporaires de débits de boissons à consommer sur place, d'une durée de 8 jours au plus, pourront être délivrées à l'occasion de fêtes et assemblées publiques, tant au chef-lieu qu'à l'intérieur. La taxe est immédiatement exigible.
(1) Ile des Pins	200	
(1) Presqu'île Ducos	200	
(1) Ile Nou	800	
Tous autres lieux	250	
(2) Licences temporaires	50	

LICENCES DES FABRICANTS DE RHUMS

Le taux est fixé à 150 fr. par an.

(Décision du Conseil privé en date du 8 janvier 1884.)

TABLEAU B

Répartition, par localités, des industries et professions (Côte Ouest — Côte Est).

Côte Ouest

INDUSTRIES ET PROFESSIONS	NOUMÉA	DUMBÉA	PAÏTA	SAINT-VINCENT	COÉTEMPOÉ	TOMO	BOULOUPARI	OUAMÉNI	LA FOA	FORWARY	MOINDOU	BOURAIL	POUEMBOUT	KONÉ	VOH	GOMEN	KOUMAC	PONT-DES-FRANÇAIS	MONT-D'OR, SAINT-LOUIS	BAIE DU SUD
Agents d'affaires	3	»	»	»	»	»	»	»	»	»	»	»	»	»	»	»	»	»	»	»
Armateurs	2	»	»	»	»	»	»	»	»	»	»	»	»	»	»	»	»	»	»	»
Avocats	4	»	»	»	»	»	»	»	»	»	»	»	»	»	»	»	»	»	»	»
Bijoutiers-horlogers	2	»	»	»	»	»	»	»	»	»	»	»	»	»	»	»	»	»	»	»
Blanchisseurs	4	»	»	»	»	»	»	»	»	»	»	»	»	»	»	»	»	»	»	»
Bouchers	6	1	1	1	»	»	1	»	1	1	1	2	»	1	»	1	»	»	»	»
Bains	1	»	»	»	»	»	»	»	»	»	»	»	»	»	»	»	»	»	»	»
Boulangers	10	1	»	»	»	»	»	1	»	1	»	3	»	»	»	»	»	»	»	»
Caboteurs	32	»	»	»	»	»	»	»	»	»	»	»	»	»	»	»	»	»	»	»
Carrossiers	2	»	»	»	»	»	»	»	»	»	»	»	»	»	»	»	»	»	»	»
Chalandiers	1	»	»	»	»	»	»	»	»	»	»	»	»	»	»	»	»	»	»	»
Charcutiers	3	»	»	»	»	»	»	»	1	»	»	3	»	»	»	»	»	»	»	»
Cercles	2	»	»	»	»	»	»	»	»	»	»	»	»	»	»	»	»	»	»	»
Charpentiers	6	»	»	»	»	»	2	»	»	»	»	»	»	»	»	»	»	»	»	»
Charrons	5	»	»	»	»	»	»	»	1	»	1	»	»	»	»	»	»	»	»	»
Colporteurs	9	»	»	»	»	»	»	»	»	»	»	»	»	»	»	»	»	»	»	»
Commissionnaires-encanteurs	2	»	»	»	»	»	»	»	»	»	»	»	»	»	»	»	»	»	»	»
Constructeurs de bateaux	5	»	»	»	»	»	»	»	»	»	»	»	»	»	»	»	»	»	»	»
Cordonniers	9	»	»	»	»	»	»	»	2	»	»	2	»	»	»	»	»	»	»	»
Courtiers	4	»	»	»	»	»	»	»	»	»	»	»	»	»	»	»	»	»	»	»
Débitants	46	2	3	2	2	1	3	1	2	1	2	3	1	2	1	1	»	2	2	»
Défenseurs	1	»	»	»	»	»	»	»	»	»	»	»	»	»	»	»	»	»	»	»
Distillateurs	2	»	»	»	»	»	»	»	2	»	»	»	»	»	»	»	»	»	»	»
Ebénistes	2	»	»	»	»	»	»	»	1	»	»	»	»	»	»	»	»	»	»	»
Entrepreneurs de (charpente, maçonnerie, menuiserie, travaux publics)	10	»	»	»	»	»	»	»	»	»	»	»	»	»	»	»	»	»	»	»
Épiciers	20	2	3	2	1	1	3	1	6	1	4	7	1	2	1	2	1	1	1	»
Exploitations forestières	»	1	»	»	»	»	»	»	»	»	»	»	»	»	»	»	»	»	»	»
Exploitations minières	1	»	»	»	»	»	»	»	»	»	»	»	»	1	1	1	»	1	1	1
Fabricants de chaux	2	»	»	»	»	»	»	»	»	»	»	»	»	»	»	»	»	»	»	»
Fabricants de pâtes alimentaires	1	»	»	»	»	»	»	»	»	»	»	»	»	»	»	»	»	»	»	»
Fabricants de savon	1	»	»	»	»	»	»	»	»	»	»	»	»	»	»	»	»	»	»	»
Fabricants de sel	1	»	»	»	»	»	»	»	»	»	»	»	»	»	»	»	»	»	»	»
À reporter	»	»	»	»	»	»	»	»	»	»	»	»	»	»	»	»	»	»	»	»

Côte Est

INDUSTRIES ET PROFESSIONS	THIO	NAKÉTY	CANALA	KOUAOUA	KOUA	HOUAILOU	POUNÉRIHOUEN	WAGAP	CAP BAYE	TOUHO	HYENGHÈNE	OUAIÈME	OUBATCHE	POUÉBO	PAM	LE CAILLOU	OUÉGOA	TOTAUX
Agents d'affaires	»	»	»	»	»	»	»	»	»	»	»	»	»	»	»	»	»	3
Armateurs	»	»	»	»	»	»	»	»	»	»	»	»	»	»	»	»	»	2
Avocats	»	»	»	»	»	»	»	»	»	»	»	»	»	»	»	»	»	4
Bijoutiers-horlogers	»	»	»	»	»	»	»	»	»	»	»	»	»	»	»	»	»	2
Blanchisseurs	»	»	»	»	»	»	»	»	»	»	»	»	»	»	»	»	»	4
Bouchers	1	1	1	»	»	1	1	»	»	1	1	»	»	1	»	»	1	26
Bains	»	»	»	»	»	»	»	»	»	»	»	»	»	»	»	»	»	1
Boulangers	1	»	1	»	»	»	»	»	»	»	1	»	»	»	»	»	»	19
Caboteurs	»	»	»	»	»	»	»	»	»	»	»	»	»	»	»	»	»	33
Carrossiers	»	»	»	»	»	»	»	»	»	»	»	»	»	»	»	»	»	2
Chalandiers	»	»	»	»	»	»	»	»	»	»	»	»	»	»	»	»	»	1
Charcutiers	»	»	»	»	»	»	»	»	»	»	»	»	»	»	»	»	»	7
Cercles	»	»	»	»	»	»	»	»	»	»	»	»	»	»	»	»	»	2
Charpentiers	»	»	»	»	»	»	»	»	»	»	»	»	»	»	»	»	»	8
Charrons	»	»	»	»	»	»	»	»	»	»	»	»	»	»	»	»	»	7
Colporteurs	»	»	»	»	»	»	»	»	»	»	»	»	»	»	»	»	»	9
Commissionnaires-encanteurs	»	»	»	»	»	»	»	»	»	»	»	»	»	»	»	»	»	2
Constructeurs de bateaux	»	»	»	»	»	»	»	»	»	»	»	»	»	»	»	»	»	5
Cordonniers	1	»	»	»	»	»	»	»	»	»	»	»	»	»	»	»	»	14
Courtiers	»	»	»	»	»	»	»	»	»	»	»	»	»	»	»	»	»	4
Débitants	4	3	2	2	1	1	1	»	»	1	»	»	»	1	»	»	1	95
Défenseurs	»	1	»	»	»	»	»	»	»	»	»	»	»	»	»	»	»	2
Distillateurs	»	»	»	»	»	»	»	»	»	»	»	»	»	»	»	»	»	4
Ebénistes	»	»	»	»	»	»	»	»	»	»	»	»	»	»	»	»	»	3
Entrepreneurs de (charpente, maçonnerie, menuiserie, travaux publics)	»	»	»	»	»	»	»	»	»	»	»	»	»	»	»	»	»	10
Épiciers	4	3	4	1	1	1	1	1	2	1	1	3	1	1	1	1	1	88
Exploitations forestières	»	»	»	»	»	»	»	»	»	»	»	»	»	»	»	»	1	2
Exploitations minières	1	1	1	»	»	1	»	»	»	»	»	»	»	1	»	»	2	13
Fabricants de chaux	»	»	»	»	»	»	»	»	»	»	»	»	»	»	»	»	»	2
Fabricants de pâtes alimentaires	»	»	»	»	»	»	»	»	»	»	»	»	»	»	»	»	»	1
Fabricants de savon	»	»	»	»	»	»	»	»	»	»	»	»	»	»	»	»	»	1
Fabricants de sel	»	»	»	»	»	»	»	»	»	»	»	»	»	»	»	»	»	1
À reporter	»	»	»	»	»	»	»	»	»	»	»	»	»	»	»	»	»	373

TABLEAU B (Suite)

TABLEAU B^t (Suite)

Côte Ouest (NOUMÉA → BAIE DU SUD) :

INDUSTRIES et PROFESSIONS	NOUMÉA	DUMBÉA	PAITA	SAINT-VINCENT	CÔTETEMPOÉ	TOMO	BOULOUPARI	OUAMÉNI	LA FOA	FONWARY	MOINDOU	BOURAIL	POUEMBOUT	KONÉ	VOH	GOMEN	KOUMAC	PONT-DES-FRANÇAIS	MONT-D'OR, SAINT-LOUIS	BAIE DU SUD
Report	»	»	»	»	»	»	»	»	»	»	»	»	»	»	»	»	»	»	»	»
Ferblantiers-zingueurs	5	»	»	»	»	»	»	»	»	»	»	»	»	»	»	»	»	»	»	»
Huissiers	2	»	»	»	»	»	»	»	»	»	»	»	»	»	»	»	»	»	»	»
Hauts-fourneaux	1	»	»	»	»	»	»	»	»	»	»	»	»	»	»	»	»	»	»	»
Hôtels-restaurants	6	1	»	»	»	»	»	»	»	»	»	»	»	»	»	»	»	»	»	»
Hôtels avec magasin de commerce	»	2	2	2	1	1	3	1	1	1	2	4	1	2	1	1	1	1	1	»
Imprimeurs	3	»	»	»	»	»	»	»	»	»	»	»	»	»	»	»	»	»	»	»
Jardiniers-fleuristes	1	»	»	»	»	»	»	»	»	»	»	»	»	»	»	»	»	»	»	»
Limonadiers	2	»	»	»	»	»	»	»	»	»	»	»	»	»	»	»	»	»	»	»
Manufactures de tabac	1	»	»	»	»	»	»	»	»	»	»	»	»	»	»	»	»	»	»	»
Marchands	27	»	»	»	»	»	1	»	1	»	»	2	»	2	»	1	2	»	»	»
Marchands d'armes et munitions	1	»	»	»	»	»	»	»	»	»	»	»	»	»	»	»	»	»	»	»
Marchands de bois	2	»	»	»	»	»	»	»	»	»	»	»	»	»	»	»	»	»	»	»
Marchands de meubles	2	»	»	»	»	»	»	»	»	»	»	»	»	»	»	»	»	»	»	»
Marchands de fruits et légumes	10	»	»	»	»	»	»	»	»	»	»	»	»	»	»	»	»	»	»	»
Maréchaux-ferrants	4	1	»	1	»	1	»	2	»	1	»	»	»	»	1	»	»	»	»	»
Matelassiers-voiliers	2	»	»	»	»	»	»	»	»	»	»	»	»	»	»	»	»	»	»	»
Mécaniciens	3	»	»	»	»	»	»	»	»	»	»	»	»	»	»	»	»	»	»	»
Notaires	2	»	»	»	»	»	»	»	»	»	»	»	»	»	»	»	»	»	»	»
Négociants et commerçants	38	»	»	»	»	»	4	»	4	»	»	»	»	»	»	»	»	»	2	»
Pâtissiers	3	»	»	»	»	»	»	»	»	»	»	»	»	»	»	»	»	»	»	»
Perruquiers-coiffeurs	10	»	»	»	»	»	»	»	»	»	»	»	»	»	»	»	»	»	»	»
Photographes	1	»	»	»	»	»	»	»	»	»	»	»	»	»	»	»	»	»	»	»
Peintres en bâtiment	4	»	»	»	»	»	»	»	»	»	»	»	»	»	»	»	»	»	»	»
Quincailliers	1	»	»	»	»	»	»	»	»	»	»	»	»	»	»	»	»	»	»	»
Restaurateurs	14	»	»	»	»	»	»	»	»	»	»	»	»	»	»	»	»	»	»	»
Scieurs de long	1	»	»	»	»	»	»	6	»	»	»	»	»	»	»	»	»	»	»	»
Selliers-bourreliers	3	»	»	»	»	»	»	2	»	»	»	»	1	»	»	»	»	»	»	»
Serruriers	1	»	»	»	»	»	»	»	»	»	»	»	»	»	»	»	»	»	»	»
Tailleurs	6	»	»	»	»	»	»	»	»	»	»	»	»	»	»	»	»	»	»	»
Tanneurs	1	»	»	»	»	»	»	»	»	»	»	»	»	»	»	»	»	»	»	»
Tapissiers	1	»	»	»	»	»	»	»	»	»	»	»	»	»	»	»	»	»	»	»
Usines à sucre	»	1	»	»	»	»	»	»	»	»	»	»	»	»	»	»	»	»	»	»
Voituriers et loueurs de voitures et de chevaux de selle	6	1	1	»	»	»	»	»	»	»	»	»	»	»	»	»	»	»	»	»
Totaux	»	»	»	»	»	»	»	»	»	»	»	»	»	»	»	»	»	»	»	»

Côte Est (TRIO → OUÉGOA) et Totaux :

INDUSTRIES et PROFESSIONS	TRIO	NAKÉTY	CANALA	KOUAOUA	KOUA	HOUAILOU	POUNÉRIHOUEN	WAGAP	CAP BAYE	TOUHO	HYENGHÈNE	OUAIÈME	OUBATCHE	POUÉBO	PAM	LE CAILLOU	OUÉGOA	TOTAUX
Report	»	»	»	»	»	»	»	»	»	»	»	»	»	»	»	»	»	373
Ferblantiers-zingueurs	»	»	»	»	»	»	»	»	»	»	»	»	»	»	»	»	»	6
Huissiers	»	»	»	»	»	»	»	»	»	»	»	»	»	»	»	»	»	2
Hauts-fourneaux	»	1	»	»	»	»	»	»	»	»	»	»	»	»	»	»	»	2
Hôtels-restaurants	»	»	»	»	»	»	»	»	»	»	»	»	»	»	»	»	»	7
Hôtels avec magasin de commerce	5	2	4	2	1	2	1	»	1	2	1	1	1	2	1	1	1	56
Imprimeurs	»	»	»	»	»	»	»	»	»	»	»	»	»	»	»	»	»	3
Jardiniers-fleuristes	»	»	»	»	»	»	»	»	»	»	»	»	»	»	»	»	»	1
Limonadiers	»	»	»	»	»	»	»	»	»	»	»	»	»	»	»	»	»	2
Manufactures de tabac	»	»	»	»	»	»	»	»	»	»	»	»	»	»	»	»	»	3
Marchands	»	»	»	»	»	2	»	»	1	3	»	2	»	3	1	1	»	49
Marchands d'armes et munitions	»	»	»	»	»	»	»	»	»	»	»	»	»	»	»	»	»	1
Marchands de bois	»	»	»	»	»	»	»	»	»	»	»	»	»	»	»	»	»	2
Marchands de meubles	»	»	»	»	»	»	»	»	»	»	»	»	»	»	»	»	»	2
Marchands de fruits et légumes	»	»	»	»	»	»	»	»	»	»	»	»	»	»	»	»	»	10
Maréchaux-ferrants	»	»	»	»	»	»	»	»	»	»	»	»	»	»	»	»	1	13
Matelassiers-voiliers	»	»	»	»	»	»	»	»	»	»	»	»	»	»	»	»	»	2
Mécaniciens	»	»	»	»	»	»	»	»	»	»	»	»	»	»	»	»	»	3
Notaires	»	»	»	»	»	»	»	»	»	»	»	»	»	»	»	»	»	2
Négociants et commerçants	»	»	»	»	»	»	»	»	»	»	1	3	2	»	»	»	»	54
Pâtissiers	»	»	»	»	»	»	»	»	»	»	»	»	»	»	»	»	»	3
Perruquiers-coiffeurs	»	»	»	»	»	»	»	»	»	»	»	»	»	»	»	»	»	10
Photographes	»	»	»	»	»	»	»	»	»	»	»	»	»	»	»	»	»	1
Peintres en bâtiment	»	»	»	»	»	»	»	»	»	»	»	»	»	»	»	»	»	4
Quincailliers	»	»	»	»	»	»	»	»	»	»	»	»	»	»	»	»	»	1
Restaurateurs	»	»	»	»	»	»	»	»	»	»	»	»	»	»	»	»	»	14
Scieurs de long	»	»	»	»	»	»	»	»	»	»	»	»	»	»	»	»	»	7
Selliers-bourreliers	»	»	»	»	»	»	»	»	»	»	»	»	»	»	»	»	»	6
Serruriers	»	»	»	»	»	»	»	»	»	»	»	»	»	»	»	»	»	4
Tailleurs	»	»	»	»	»	»	»	»	»	»	»	»	»	»	»	»	»	8
Tanneurs	»	»	»	»	»	»	»	»	»	»	»	»	»	»	»	»	»	2
Tapissiers	»	»	»	»	»	»	»	»	»	»	»	»	»	»	»	»	»	1
Usines à sucre	»	»	»	»	»	»	»	»	»	»	»	»	»	»	»	»	»	3
Voituriers et loueurs de voitures et de chevaux de selle	»	»	»	»	»	»	»	»	»	»	»	»	»	»	»	»	1	9
Totaux	»	»	»	»	»	»	»	»	»	»	»	»	»	»	»	»	»	660

Nouméa. — Imprimerie du Gouvernement.